JN082334

はじめに

この本はWEB上で行っていたお悩み相談を書籍化したものである。

「WEB連載終了から書籍化まで随分間があいたな」と思っている方もいるかもしれないが、出版社の方針変更とか担当編集が遺体となって発見とかいろいろあったのだ。だが、そんな些末なことはどうでもいい。ちなみに遺体となって発見は若干盛った。

この間に世界では、ご存じの通り新型コロナウィルス流行という大事件が起こった。その世界的な未曽有の事態に我々人類が主にどう対抗したかというと「家から出ない」そして「人とみだりに会わない」であり、旅行などはもってのほかとされた。

これまでは、夏は愉快な仲間と海、山、ロックフェス、冬は聖夜に恋人と濃厚接触、秋にその時デキた生命が爆誕、というのが充実した人の生活と推奨されてきた。春は知らん。

逆に、せっかくの休みの日に部屋から出ず、誰とも話さず、気が付いたらサザエとお日様は笑っているが、日は沈んでいる時間だった、というような生活は、惨めで寂しく、改めるべき生活とされてきた。

それが、コロナウィルスの影響で一瞬にして後者が「推奨される生活」となり、逆に旅行をしたり、集まって騒いで濃厚な接触をしようとしたりする輩は、危機感のないバカと言われ、有志によって狩られるまでになっていた。

だが、その風潮も今では大分下火になっており、依然、外出や濃厚接触は慎めと言いつつ、その一方で「ＧＯ ＴＯ！」などと旅行や外食を推奨したりする、情緒不安定な世の中になっている。

今回の件でわかったのは、本書でも3回以上は回答に使っている「家から出なければ解決する」という答えの圧倒的正しさ、そして「価値観や、何が正しいとされるかは、状況によって、いとも容易く変わる」ということである。

よって、今抱えている悩みも所詮、現在の状況における悩みにしか過ぎないということだ。

会社で仕事が出来ない悩みも、恋人と上手くいってない悩みも、転職や、相手を変えることにより一瞬で悩みが消えるどころか、むしろ順風満帆に変わったりするのである。

よって悩みを抱えている人は、その悩み自体に立ち向かうのも良いが、自分自身の居場所や立場など、状況を変えて見るというのもひとつの手である。

つまり、辛抱強くやるのも大事だが、今の状況に固執して腐るのではなく、思い切ってその場から離れる軽やかさも大切ということである。

ただ、離れる時は「転職先」など、次の場所も少しは目星をつけておいた方がいい。これは連載中に会社を辞めて無職になり、未だ無職の私からのアドバイスだ。

本書は、仕事や恋愛、たまに二次元への想いが高まり過ぎてどうにかなってしまった人のお悩みに私がアドバイスするという構成なのだが、私自身が人様にアドバイスできるような立場か、というと全くそんなことはない。なにしろ、しつこいようだが無職だ。

最初「お悩み相談をしよう」と言われた時、俺の悩みに読者が答えるコーナーかと思ったぐらいだ。

普通、人生相談に答えるような人といえば、まず人生経験が豊かな比較的高齢な人、僧など人を導く職業の人、かといって高潔なだけではなく自身も様々な失敗や過ちを乗り越えてきた人などを連想するかもしれない。

連想も何も全部瀬戸内寂聴（せとうちじゃくちょう）のことだが、私がクリアできているのは現在進行形で高潔ではない、という点くらいだ。

つまり、どう考えても、人様に高説を垂れられるような人間ではないし、正直言って人生経験については並み以下だと思っている。

なぜなら私は、ほとんど部屋から出ないのである。部屋から出なければ基本的に何もイベントが起きないため、経験値の積みようがないのだ。

逆に言えば、「部屋から出なければ乗り越えなければいけないような困難が起こりにくい」ということである。

お悩み相談というのは、困難をどう解決するかに主眼を置かれているが、その困難はそもそも部屋から出さえしなかったら起きなかったかもしれないのだ。

つまり、部屋から出ないことで、大体の悩みは、起こる前に解決できるということである。

一方で部屋どころか海の外にまで出てオデッセイと経験を積み、困難を乗り越えてきた人間には「部屋から出なければ良い」というアドバイスは出来ないはずだ。

病気もセカンドオピニオンが大事と言われるように、悩みに対するアドバイスも多方面からの意見が必要である。

立派な人のアドバイスはもちろん必要だが、低い人間の低い視点からしか見えない解決策というのもある。

それに、低い人間というのはあまり厳しいことは言わない。

これは優しいからというわけではなく、自分が厳しいことを言われるのを嫌うからであり、むしろ常に自分と同じ生ぬるい泥沼に浸かってくれるルームシェア友募集しているので、割と甘いことを言ってくれる。

よって、本書は立派な人の人生相談本と合わせて買うには最適の一冊である。

つまり、寂聴が出している本と同じ数だけ私の本を買えば大体の悩みは解決だ。

カレー沢薫のワクワク人生相談　目次

第2章 性格と仕事の悩み

第3章 趣味と生活の悩み

第1章

対人関係の悩み

マウンティング上司の対策法を教えてください!

とても面倒な上司(女性33歳)がいます。何かにつけて他人にマウンティングしまくり「わたしが一番デキる女だと自負してるから」とマジで言います。こいつをなんとかぎゃふんと言わせたいので、良い策をお願いいたします。当方既婚、上司は独身くらいしかプラス点はありません。

そもそもマウンティングという行為自体が「こいつをぎゃふんと言わせたい」という動機からなされていることが多いため、あなたもすでにマウンティングゴリラ山(マウンテンとかけています)に入山しかけています。

仮に、仕事がデキる上司に「でも私は結婚してるし」と反撃したとしたら、それは「旦那が年収2兆で」という自慢に「息子がIQ2兆なの」とマウンティングしているのと同じな上、「カレーが好き」というツイートに対し「でも私はウンコが好きです」と返すが如きクソリプになってしまいます。即刻その山を下りましょう。

そういう優等生的回答を求めているのではなく、その山にガンガンに登って、今頂上に居座っているボスゴリラ女上司の代わりにその座につきてえという「マウンティングで勝ちたい」という相談ならせめて「良いマウンティング」を心がけましょう。

マウンティングは「相手に対し優位をとる」という行為ですが、その対処方法は2つあり「自分が相手のさらに上を行く」と「相手を自分の下に引きずり下ろす」です。

前者は、仕事がすごくデキる有能な女に対し臆するどころか、オラ、わくわくすっぞと、戦いを挑み勝とうとする人間です。それも、悟空(ごくう)が戦闘能力じゃ勝てないからTOEICで勝負しようと言わないように、このタイプは相手と同じフィールドで戦いを挑みます。

競技だって、同じルールのもと相手より点を取ったり、いいタイムを出したりするのが目的なのですから、このマウンティングはもはやスポーツとして次期五輪に入れても良いぐらい、爽やかで良いものと言えます。

逆に後者は、デキる女を見るや否や指を見ます。もちろん、指毛が生えてないか確認するためです。

このように、相手の落ち度や欠点を探し、無理やり自分の下に持ってこようとするのが悪いマウンティングです。もちろん自分は1ミリも向上しません。

よって「仕事がデキる女」としてマウンティングしてくる女上司にマウンティングで正しく勝利しようと思ったら「仕事で勝つ」以外ありません。

それ以外で攻撃すると「野球じゃ勝てないから、バットで25人（監督、控え含む）殴り殺した」という地獄甲子園でしかなく、あなたの顔も「作画 漫☆画太郎」になります。

しかし、誰もがそんなスポーツマンシップに則った、オリンピック精神を持てるわけではなく、能力にも限界があり、そう簡単に仕事で勝てるわけありません。

そして、そういう勝てない相手を見れば足を引っ張りたくなるし、「おいしいカレーを作りました」に対し「でも私はでかいウンコ出したし」と返すような、自分が勝てる部分で辻斬りをしてしまいたくなります。

私もツイッターで同業者の「アニメ化」とか景気のいいツイートを見ると、本人に言うわけではありませんが、「私だって息してるし」みたいな対抗自慢エアリプをしたくなります。

そんな時はこう思うようにしています「俺が息してて偉い、ということは俺が知っていれば良い」と。

誰かに息していることを誇示して、他人に「息してるね」と認められなければ、息していないことになるのかというと、そんなことはありません。

むしろ、いちいち相手に確認を取るというのは「自信がない」時にする行動です。

「このみかん色の球体、俺はみかんだと踏んでいるが、イマイチ確証が持てない」という時に「これみかんだよな？　これみかんだよな⁉」と他人に聞くのです。

よって女上司は、本当は自分がデキる女だという自信を持てないから、他人を捕まえて「あたし出来る女よね！」と確認しているのです。みかんどころか自分を見失っています。

だからあなたが、女上司より優位な点を見つけても「この点は私の方が上だ」と自分でわかっていれば良いのです。それを女上司や周囲にわからせてやろうとすると、みかんがゲシュタルト崩壊した人になってしまいます。

またそのような方法で、女上司をぎゃふんと言わせても、その女上司かまた別の誰かが「あなたをぎゃふんと言わせたい」と思うようになります。

マウントを取ったら、誰かが取り返そうとする。それがマウンティングの世界であり、一度入ったら死ぬまで殴りあうのがマウンティングゴリラ山の掟です。

そして最後に残るのは、疲弊です。多くのゴリラが達成感ではなく「疲れた」と言って山を去ります。

女上司は、今まさにその山で殴りあい、消耗している状態です。

そんな山にわざわざ行くのではなく、遠くから「なんか大変そうだな」と思っていれば良いのではないでしょうか。

どうあがいても
おキャット様より
上には行けなり
その他

ぼっち飯派の見破り方を教えてください！

私は、昼休みは一人で過ごすのが至高と思っており、他人もそうかもしれないと思い、自分からランチに誘うことはありません。そうすると時々若い女性から「あの人は冷たい」「私嫌われてるのかな」とクレームが出ます。昼休みを人と過ごしたい派かどうかの見分け方が知りたいです。

まず一番わかりやすい見分け方は、相手が昼休みソシャゲをやっているか否かです。昼休みが始まると同時にソシャゲを起動しているスタートダッシュがいい奴は、まず誘わない方が吉です。

なぜなら多くのソシャゲには「体力」のパラメータが設定されており、その「体力」を消費してゲームをプレイします。そしてその「体力」は時間経過で回復し、ゲージの上限以上は回復しません。よって、午前中回復した「体力」を昼休み消費しないと、「体力」が溢れてしまい「もったいない」ことになってしまいます。

多少のことなら金で解決する、というソシャカス野郎ならいいかもしれませんが、無課金プレーヤーにとって、この自然に（無課金で）回復する体力というのは非常に貴重なものであり、目の前で石油が溢れて下水に流れているようなものです。

それを邪魔するというのは、「いや！　溢れちゃうぅ…！」と、石油に駆け寄る若い女性を「そんなことより、俺とイイコト（ランチ）しようぜえ…」と引きずっていくようなものです。

つまり、やっていることがブリーフ姿のモブおじさんと同じです。

もちろんモブおじさんも立派な職業ですが、モブおじさんでもないのに、行動がモブおじさんというのはいただけないものです。

他にも、ソシャゲをやっていなくても、昼休み会社にいるか否かで見分けることが出来ます。

いかにも近づくなオーラでコンビニ弁当を食っているような奴でも、会社内で他人から存在を確認できるような位置で食っているようなら、誘われたくないとそこまで思ってません。

本当に、一人で飯を食いたい奴は社外に出ますし、それも他の社員に見つからないところにいます。

ちなみに私は、コンビニ飯を、コンビニの駐車場で、車の中で食います。車がなかったらおそらく便所とかで食うと思います。

そこまでして、と思うかもしれませんが、一人で飯を食いたい奴は、そこまでして一人で飯が食いたいのです。よって昼休み、完全に行方不明になっている奴は誘うべきではありません、と言いたいところですが、実は違います。

「昼休み、誰かと一緒にいるのが嫌」という奴でも「誘われること自体は悪い気がしない」と思っているケースが結構多く、好き好んで一人でいるくせに、いざ、自分だけ誘われないと、一丁前に疎外感や寂しさを感じたりしているのです。

つまり「誘われるのは迷惑なんだけど一応誘ってほしい」と思っているのです。

なんでそんなクソ野郎にそこまで気を使わなければいけないのか、と怒りでブリーフが張り裂けんばかりになっていると思いますが、クソ野郎だから便所で飯を食っているのです。クソは便所という、正しい位置にいるのです。

よって重要なのは、誘うか否かではなく「どれだけ断りやすく言うか」です。

「明日、昼ご飯用意してこないでね」など、前日から「すみません、今日弁当あるんで」という断り手を封ずるような、「確定的決定事項である」という誘い方は下の下です。

あくまで、流れで、ついでっぽく、「便所飯さんもどう?」みたいな感じで誘うのがベストです。

言葉は少なければ少ないほどベターであり、ここで「近くに、皿がやたらでかいオシャレなカフェができたんだけど、一緒にどう?」みたいな具体性を足すと、便所飯さんは断りづらくなってしまいます。

誘い方が曖昧であれば、断る方も「しょ…小生は…!(首と一緒に体を激しく横揺れ)」みたいな曖昧なリアクションで断ることが出来ます。

つまり、きっぱり断れないタイプでも断れる誘い方をしましょう。

また、断られた時も、決して嫌な顔をしてはいけません。なぜならコミュ障というのは人との深い関わりを避ける割には、人に嫌われるのを極度に恐れている場合が多いため、声が一オクターブ低いだけで「嫌われたのでは」と二週間は寝込んでしまいます。

よって、努めて明るい声で、ここでも言葉は少なく「うんわかった」と言いましょう。「またね」など付け加えるのも相手に安心感を与えてグッドです。

もうお気づきかと思いますが、誘うだけでここまで気を使わないといけない相手と飯を食っても楽しいはずがありません。

周りに気を使うのも立派ですが、あなた自身の、孤独で豊かで救われたランチタイムも大事にしましょう。

もっとメシに
集中しようぜ
おキャット様のように

セクハラと思っていないセクハラ発言へのベストアンサーを教えてください！

当方バツなし子なしの純粋な独身です。独身だと言うと「なぜ？」と返されることが多いのですが、何と答えるのがベストでしょうか？　ほぼ初対面のような相手に身の上を懇々と話す気にはならないし、相手も聞きたくないでしょうし。

まずこれは、そういう質問をしてくる方がおかしいと思いましょう。どうしても独身者に「なぜ」と聞きたいなら、「既婚で子供が2人います」という女に対してもUMAを見るような目で「なんでや!?」と聞くべきです。

では、なぜそんな質問をされるのかと言うと、「こいつが独身なのには壮大な物語（ストーリー）があるに違いない、その理由（さだめ）を知りたい…」と、あなたがなぜ独身か知りたくてしゃあない、というわけではありません。

話は変わりますが、最近「セクハラ」が大きな問題になっています。あなたがよくされるという質問も広義で言えばセクハラです。

それに対し、「何でもセクハラと言われたら会話なんて出来ない」という反論があります。

しかし世間話をするにも、天気とか部屋の絨毯の模様が顔に見えるとか、誰も傷つけない話題はいくらでもあるはずです。

それを、下ネタ、容姿、年齢、恋愛、結婚の話を封じられたら「あ…うああ…ヒュッ…」と推しが尊すぎて語彙を失ったオタクみたいになってしまう、というのはいくらなんでも話題が少なすぎです。

しかし現実に、話題のカードが少ない上に全てジョーカーという人が存在します。

あなたに「なんで結婚しないの？」と聞いてくる人は、妙齢の女を相手には「結婚しているかしてないか」ぐらいのカードしかなくなるタイプなのだと思います。

あなたが独身なので、相手は「なんで？」というカードを出してきますが、もし結婚していたら「子供は？」のカードが出てきますし、いないと言えばまた「なんで？」が出てきます。そのぐらい持ち札が少ないのです。

よって、そういうタイプの発する「結婚してないの？　なんで？」という話題は、一般的な「天気」「絨毯の模様が顔に見える」と大差なく、それらに対し「今は晴れておりますが、東に見える雲から察するに午後から雨でしょう」「菅田将暉似っすね…自分、恋の予感っすわ…」とイチイチマジレスする必要はなく、むしろマジに答えると、聞いてきたくせに、天気感覚の世間話に何マジになっちゃってんの、みたいな空気になります。

それで相手が引いて、その話題を出さなくなればいいですが、「この話好きなんだな」と思われたら最悪です。

つまり、そういうタイプの「なぜ？」には「今日は寒いですね」「あの絨毯、顔に見えね？」と言われたときと同じ温度の返答でＯＫです。

なんなら、質問に答える必要すらなく「そっすね」だけでその話題は終わる可能性があるということです。

「結婚してないの？　なんで？」

「ああ～ううーん～～そっすねえ～～～？」

「そっか」

と若干長めに言えば十分通ります。

しかし、相手は、少ない手札から結婚という、ちょっとデリカシーがあったら普通は敬遠するカードを出してくる相手です。その話題を「そっすね」で切ったら、いきなり禁じ手の「下ネタ」を出してくる危険は十分ありますし、かといってそいつと沈黙になるのも嫌でしょう。

そのリスクを考慮に入れ、「結婚してないの？　なんで？」の時点で「質問を質問で返す馬鹿」になりましょう。

相手は、ほぼ初対面の人にそんな質問をする正真正銘の馬鹿なのでイーブンです。

「なぜ？」と言われたら「なぜなんでしょうね？」、または、相手が結婚しているなら「そちらはなぜ結婚したんですか？」と聞きます。

「要らない結婚するためのアドバイス」や、「興味ゼロの結婚観」を披露されることになるかもしれませんが、話したくないプライベートの話を言わされるぐらいなら聞きたくない話に相槌を打っていた方がマシでしょう。

総じて言えるのは「上手く答える必要は一切ない」ということです。

セクハラに対し「もう〜やだ〜」と良さげなリアクションで上手くあしらうと、相手は「喜んでる」と勘違いして、さらに増長する場合があります。

むしろ相手が「二度とこの話題は口にすまい」と思うぐらい、スベらせた方がいいのです。

つまり、されたくない話題に関しては、コミュ障の会話術を見習いましょう。奴らは、話題を盛り上がらせずに終わらせること、場を凍りつかせることのプロです。

達人になると、一言も発さず「無言苦笑い」だけで話題を終わらせることが可能になりますが、素人には、質問に対しすぐ答えず「…えっ？」「どういうことですか？」と、相手に何度も同じことを言わせる「無限聞き返し」をお勧めします。

ソースは私です。申し訳ないぐらいセクハラをされません。

これは当然の質問
何でそんなにカワEの・・・？

元カノに未練たれながしの彼氏をどうしたらいいでしょうか？

彼氏が元カノを引きずってます。そのことについてわたしから何か言うこともできず、たまにモヤっとした気持ちになります。どうしたらいいでしょうか？

相手の過去など気にするな、とは言いますが、やはり婚活サイトで知り合った相手がどんなに好条件でも「前科12犯」だとわかったら「おっと～？」となってしまうのが、人情というものです。

しかし、過去を変えることは不可能であり、いくらあなたがゴールデンボンバーの「元カレ殺ス」を元カノに変えて口ずさみながら、その女をリズミカルにブチ殺したとしても「彼氏がそいつと付き合っていた過去」までは抹消できません。

よって、あなたとしても、どうにもならないことをわざわざ指摘したくないし、相手の過去まで否定したくないという思いから、何も言えずただモヤモヤしているのだと思います。

確かに「ちょっと時をかけて、元カノとはなかったことにしてこいよ」と言っても、相手を困らせるだけなので言わない方が良いでしょう。

しかし「元カノを引きずっている」とは具体的にどのような状況なのでしょうか。お互いの足首を鎖でつないだ状態で、あなたとのデートに元カノを物理的に引きずって来るというのなら、私如きより警察に相談した方が早いです。

おそらく、あなたの冷静な文面から予想するに、物理的にではなく、何かと元カノの話を出してきたり、元カノと比較してきたりと、あなたと一緒にいる時に、元カノの影をチラつかせてくるのだと思います。

「このホテルのルームサービスのジャンバラヤは元カノ絶賛だったからお前も食ってみ」「元カノの方がニンジン袋詰め放題の詰め具合がえげつなかった」などと、デリカシーに欠けることや、あからさまな今カノ下げ、元カノ上げなことを言ってくるのなら怒りやすいでしょうが、そうではない微妙なラインだと、「過去にまで嫉妬されても困る」と「思い出に浸ることも許されないのか」と彼氏も気分を害してしまう恐れがあります。

しかし、これははっきりと「私といるとき元カノのことをにおわせるな」と言って良いような気がします。

なぜなら元カノのことを指摘することにより彼氏が気分を害する可能性より、すでに今カノ様であるあなたが気分を害している、というのが問題です。

もちろん「元カノのことを全部忘れろ」などと言ってはいけません。

ただ、自分といるときだけは元カノをチラつかせるのはやめてほしい、と言いましょう。

あなたは元カノのにおいが嫌いなわけですから、そんな相手の前でそのにおいを漂わせるというのは、嫌煙家の前でタバコを吹かせるが如きエチケット違反です。

タバコを吸うことが悪いことではないのと同じように、元カノのことが忘れられないのも罪ではありませんが、ＴＰＯわきまえず煙をまき散らすのは悪なのです。

人前ではキンタマを隠すのと同じように、あなたの前では元カノのことも隠すべきでしょう。

コイツ
元カノくせぇー!
ファブ●ーズ
持ってこいー!

ともかく、二人の間に「元カノの話」が全く不必要かつマイナスにしかならないのは確かなので、元カノとよりを戻したいならともかく、あなたと末永く付き合いたいという意思があるなら早々にやめてもらった方が良いでしょう。

しかし、わざとやっている、という可能性も否定できません。

意図的に元カノのことをにおわせることにより、あなたに嫉妬をさせ気持ちを確かめる「試し行動」だという可能性もあります。

そうであったとしたら、あなたの彼氏は非常に面倒くさいです。友達だったら「そんな男やめときなよ」と言うでしょうし、面白がっている奴なら「それって超愛されてるってことだよ！」と両拳を握って言うところです。

しかし「付き合う」というのは「相手のクソ面倒くささに付き合う」という意味でもあります。

それに一切付き合わず「しゃらくせえええ！」と、買ったばかりの「ウォーリーをさがせ！」を3秒でブックオフに売るような気の短さでは、誰と付き合っても長続きしません。

人間誰しも「このＰＤＦを印刷したのち、写真に撮って、それをスキャナで取り込みエクセルに貼りつけてくれ」みたいなことを言いだす時があるのです。

これからも彼と付き合っていきたいという意思があるなら、そのような面倒くささにもある程度付き合ってあげて、徐々に「写真を撮る必要はないのでは？」と改善を促していけば良いと思います。

しかし、付き合うことで相手の面倒くささがエスカレートしていく、ということももちろんあります。

もう少し様子を見て、だんだん元カノのにおいが薄くなるなら良いですが、ますます濃くなるようでしたら「あたしは禁煙車だから元カノくせえ奴は乗せねえ（性的な意味で）」とはっきり意思表示しても良いと思います。

独身イジリへの対策法を教えてください！

私が結婚しないことを会うたびにつついてくる叔父がウザいです。私自身結婚しないことを特に気にしてないのですが、叔父は自分の子が全員結婚したのをいいことに、会うたびにそれをイジってきます。親戚の集まりには行きたいのに叔父には会いたくないです。下手に否定したら結婚してないことを気にしてるようにも思われますし、一体どうしたらいいでしょうか。

世の中には、独り身の女を脅したり不安にさせたりすることを仕事にしているおじさんがいます。そのしつこいほど丁寧な仕事ぶりに、さぞ良い時給をもらっているに違いないと思っていましたが、なんと誰に頼まれたわけでもなく、無償でやっているらしいことが判明しました。

驚くべきボランティア精神、東京五輪魂です。

つまり、好きでやっていることなので、やめさせるのは非常に困難です。

それ以上に、人の価値観を変えるということは難しく、「女の幸せは結婚であり、結婚していない女は碇シンジくんのように不幸」という考えを変えさせるのは至難の業であり、そこに労力と時間を使うのはもったいないです。

なのであなたもその叔父さんの価値観を強固にしなければなりません。叔父さんのいじりが辛いのは、バカにされて不愉快というのが主でしょうが、少なからず「結婚しない自分はダメなのだろうか」とあなた自身がグラついてしまうからではないでしょうか。それでは、まさに「不安にさせおじさん」の思うつぼです。

だからと言ってあなたのおっしゃる通り、叔父さんに食って掛かっても無駄ですし、下手に反論すると「効いてる！　効いてる！」と、自分のジムのボクサーが相手の腹にイイのを一発いれた時のセコンドみたいな顔になってしまいます。

そこで、相手から嫌なことを言われたときは、気を確かに持つことが大事なのです。

例えば、私のスマホには、ソシャゲで手に入れた総額三桁万円はいっているであろう二次元のイケメンのＪＰＥＧないしＰＮＧがしこたま入っているのですが、それをその叔父さんに見せようものなら「そんなことに使う金があったら、結婚相談所にでも登録しなよ（笑）」と言われてしまうでしょう。

憤懣（ふんまん）やるかたないのですが、ここで「このＪＰＥＧないしＰＮＧの価値がわかるまで、こいつを監禁してやろう」と思ってはいけないのです。

おもむろにスマホを取り出し、ＪＰＥＧたちの御尊顔を見て「やっぱり自分は間違っていない」という気持ちを新たにすることこそが大事です。

つまり、あなたが未婚であることを叔父さんにいじられた時にすべきことは、叔父さんの価値観を変えたい、いじりをやめさせたい、と思うよりまず「自分は未婚であることを特に気にしない」という価値観を強く持ち直すことです。

具体的には、独身で良いこと、独身だからこそ出来ることもたくさんあるのですから、それを一個一個数えるなどしていけば良いでしょう。

しかしここで「アタシは独身だからこんなことも出来るのよ」と声に出してしまったら、叔父さんと同類になってしまうので、あくまで心の中だけにして、顔だけ薄笑いさせておきましょう。

ＪＰＥＧないしＰＮＧに自分が三桁万円の価値を見出しているなら、それはそれで良いように、あなたが自分は独身でいいと思っていることを他人にわからせる必要はないのです。

それでも、顔を合わせるたびにいじられるのは嫌だし、出来ればこの叔父さんを何とかしたい、という気持ちもあるでしょう。

そもそも「不安にさせおじさん」がなぜそういうことをするかというと、未婚でフラフラしている（ように見える）女の首を取って「敵将討ち取ったり！」という三國無双感を味わえるからというのもありますが、単純にそれが周りにとっても「おもしろい」ことだと勘違いしてやっているケースも多々あります。

叔父さんにとってあなたの独身いじりは「すべらない話」であり、あなたの独身さえいじっていれば、場の空気がホットになると思っているのです。

いわば、一度ウケた（かどうかも疑わしい）ギャグを何回も言っている状態なので、あなたがいじられた時にする態度は、反論でも、まして「いい人紹介してくださいよ」とピエロになることでもなく、愛想笑い一つせず徹底的に白けて見せることだと思います。

人間なかなか、スベッたギャグをもう一回言おうという気にはならないものです。

それと、親戚の中に味方を見つけるのも手かもしれません。

なんせ時代は令和ですから、叔父さんの「女の幸せは結婚」という持論に反感を持っている人間も一人や二人いるのではないでしょうか。そういう人間を味方につけ、独身いじりが始まったら、一斉に地蔵のような顔になるとか、その場では何もしなくても、会が終わった後に「あれはないわ」と愚痴を言える相手がいるだけで大分気分が楽になると思います。


味方が見当たらないという場合は、欠席も視野に入れた方がいいかもしれません。「全員敵の会」という昭和の任侠映画みたいなシチュエーションに一般人が乗り込むのは酷なことです。

会いたい友達がいるからと、自分をいじめていた同級生も出席している同窓会に無理して行かなければならないということはなく、会いたい人には個別で会えば良いのです。

まずはツラけよう
ケッコン…

義両親がしんどすぎる私はどうしたらいいんでしょうか？

義両親が黒案件のため縁を切りたいです。義両親の土地資産処分により夫にも金が入りましたが、その夫の金を義母宛に毎年数百万、15年間振り込むよう要求してきました。義両親は資産家です。どうやって縁切りしたら良いでしょうか？なお別居です。

私は実の両親が毒親というわけではなく、義両親が黒いというわけでもありません。どこの一族にも必ず一人はいるという「職業がトレジャーハンター」のおじさんも私の親戚には知っている限りではおらず、どちらかというと自分がトレジャーハンターと言われている側なので、身内にヤバいのがいる、という悩みには「大変だなあ」と他人事のような感想を抱いてしまいますが、どんなに出来た親や義両親でも「必ず死ぬ」ことは決まっていますし、その前後でゴタゴタすることもあるでしょう。親や義両親との関係というのは、部屋の隅にたまっているホコリから生まれたというのでなければ、大体の人に関係ある話です。

まず土地資産処分のお金に関しては、一度専門家を挟んだ方が良いのではないかと思います。

費用はかかってしまいますが、散髪代をケチってセルフカットをしたら、いつの間にか前髪が消滅していた、ということもよくあります。

土地とか金の難しい問題ならなおさらで、素人が動いて前髪という名の大金を失うリスクを負うよりはプロに任せた方が間違いがないでしょう。

さらに、愚痴も含む話を聞いてもらえる相手も出来て一石二鳥です。

「わかる」しか言わない友人に相談しても話は進みませんし、タダで愚痴られる友人も不幸でしょう。

むしろ、この問題については私に相談すること自体最大の無意味です。

「縁を切りたい」に関しては義両親に対し、息子である旦那さんがどういう考えかによって対処法は大きく異なりますが、やはり「縁を切る」というのは簡単なことではないと思います。

よって、絶縁状を矢文で送るなど、縁を切るための攻勢にでるのではなく、まずは相手の電話、メール、訪問など全て無視という「徹底的な逃げ」をやってみる方が良いのではないでしょうか。

「逃げる」というと問題から目を逸らしていると思われがちですが、例えば道に犬のフンが落ちていたとして、そいつと「真っ向から勝負しなければいけない」「逃げたツケがいつかやってくる」ということがあるでしょうか。避けるのが一番でしょう。

このように相手によっては「逃げる」「避ける」が最善の場合だってあるのです。

相手が家族だと「向き合って話し合うべき」みたいな結論になりがちですが、今では「毒親」という言葉も浸透し「実の親でも好きになる必要はない」「逃げて良い」という考えが広まりつつあります。

実親でもそうなのですから、義両親という、たまたまパートナーの製造元がそいつらだったというだけの相手とそこまで真剣に向き合って白黒つけなくてはいけないということはないでしょう。

ポテトチップスが好きなら、そのじゃがいもを作った農家のおっさんとも仲良くしなければいけないということはありません。

今すぐ完全に、何だったら法律上明確に義両親と縁を切りたいという気持ちもわかりますが、そうしようとしたら、まず向き合いたくない相手と向き合わなくてはなりません。さらに負けてダメージを負っただけ、という最悪な結果にもなり得ます。

よって、今は冒頭申し上げた通り「縁を切る」のではなく「逃げる＝縁を見えなくなるまで薄くする」方に注力した方が良いのではないでしょうか。

それにこの問題は逃げ続けることによりいつかなくなることが決定しています。

最初言った通り、どんな親や義両親でも「いつか死ぬ」からです。

それが「よっ待ってました！」なあなたは、そういった意味では恵まれているとも言えます。

つまり「K・O」ではなく「タイムアウトによる判定勝ち」を狙いましょう。

先のこと過ぎて気が遠くなるかもしれませんが、世の中には終わりが見えない問題も山ほどあるのですから「確実に終わりが来る」と思うだけでも多少は楽になるのではないでしょうか。

あとはあなたがどれだけ強い気持ちで逃げ続けるかです。

幸い別居なのですから、逃げようと思えば逃げられると思います。ですがそこで「そうは言うても夫の親やし」と中途半端にＬＩＮＥに既読とかつけてはいけないのです。

「家族」というのは良いものでもありますが「親なんだから人に任すのではなく自分で介護しなければいけない」とか「子なんだからどんな悪事をしでかしても許してやらねばならない」など、人を自縄自縛（じじょうじばく）に陥らせる関係でもあります。

何度も言いますが、相手は義両親というただの夫の製造元ですので、「作品は好きだけど、ツイッターでの作者の発言がどうにも好きになれないのでフォローをはずした」ぐらいの感覚で無視しましょう。

そんなあなたを見て、夫の親に対して、と白い目を向ける人もいるかもしれませんが、先のワールドカップ（２０１８年ロシア）、日本対ポーランド戦を思い出してください。

逃げも
時間稼ぎも
立派な
作戦

私は見てないのですが、日本は確実に予選突破をするために、正面から戦うのではなく、時間いっぱいボールを回し続けたと言います。

その戦略は当時「セックスレス夫婦を見ているようだ」と揶揄もされました。しかしルール上許されていることですし、そこでそうしたからこそ、感動の本戦につながったのです。

正々堂々が信条のスポーツで許されていることが、義両親との戦いという凶器攻撃と場外乱闘ばかりの世界で許されないはずがありません。

今はまだ予選です。感動の本戦のため、まずは制限時間まで守りに徹しましょう。

セフレ断ちの方法を教えてください！

相性が良い上にお互い特定の人がいないために、5年ほどずるずると関係を続けてしまっているセックスフレンドがいます。そろそろ三十路に突入しますし、ちゃんとした彼氏を作りたいので、離れなくてはと思っているのですが、今の状態が気楽なこともあり踏ん切りがつきません。どうすればいいでしょうか？

むしろこちらが、セックスフレンド同士ってどういう雰囲気なのか、何を話すのか、むしろ話さないのか、アポを取る時は最初から「一本ヤッとく？」とはっきり言うのか、小動物が何かの穴に入っているスタンプ一つで全てが伝わってしまうのか、などセフレという関係について質問攻めにしたいところです。

「セフレなる存在を作り、ダラダラと5年も付き合った、だらしない女が今更〝ちゃんとした彼氏〟など片腹痛い」などと言う人もいるかもしれませんが、セフレというものに縁がない人生だった私から見ても、あなたはかなり真面目なタイプだな、と思います。

本当にだらしない奴は、彼氏が出来てから「そういやセフレって切っとかないとまずいヤツ?」と質問するでしょう。仮にそこまででなくても、彼氏になりそうな雰囲気の男が現れてから初めて「今のうちにセフレを片づけておかねば」と考える人も多いでしょう。

片やあなたは、まだ影も形もない〝ちゃんとした彼氏〟のために身ギレイにしておこうというのですから、将来の旦那様のために花嫁修業をする昔のお嬢さんの如く真面目であり、逆に「古風」と言っていいかもしれません。

このようにセフレを切りたい理由が「出来るかどうかわからない、非実在の〝ちゃんとした彼氏〟のため」という、神経質な推理小説ファンなら激怒するような「動機弱すぎ」なため、今のように「気楽な関係も捨てがたい」と考えている状態では絶対に切れないと思います。

よって、「〝ちゃんとした彼氏〟を作りたい」というあなたの意志が、「絶対〝ちゃんとした彼氏〟作るマン」ぐらいに固まるまで、下手にセフレを切ろうとしない方がいいような気もします。

セックス
S・F
フレンド

意志がフニャフニャなまま、相手に「〝ちゃんとした彼氏〟作りたい的な今日この頃だから、そろそろあなたと離れた方がいんじゃねみたいな？」とクッタクタな提案したところで、「〝ちゃんとした彼氏〟の当てはあるのか？」→「特にない」→「じゃあそういう男が現れるまで今のままで良くね？」→「せやな」となるだけでしょう。さらに、5年も良い関係だったセフレとの空気がピリッとしてしまう、という意図しない事態に発展しかねません。

そのあいまいな提案に対し、「じゃあお前に彼氏が出来たら俺は身を引くよ」という話になると、いざ彼氏が出来たときに相手がグズり、彼氏とセフレの並走時間ができてしまう恐れもあります。

その並走の事実が後々バレると、〝ちゃんとした彼氏〟ともお別れすることになりかねません。

一方で、5年間もセフレと良い関係を築いてきたとのことですので、あなたにとって男性との距離感はセフレぐらいがベストという可能性があります。

それは別に悪いことではなく、誰しも向き不向きがあるので、「ちゃんとした交際に絶望的に向いてない人」ももちろん存在するのです。

よって、5年付き合ったセフレを切って得た〝ちゃんとした彼氏〟との関係が、セフレよりも良いものになる保証はありません。

あなたが「セフレの方が良かったわー」と額を叩くだけならいいですが、同時に、あなたの〝ちゃんとした彼氏〟が「ちゃんとした交際に絶望的に向いてない人と交際してしまった人」となり、不幸が一つ増えるということも忘れてはいけません。

〝ちゃんとした彼氏〟が欲しい理由が、「いい年なんだから」とか「セフレは不純」というような一般論に押されてのことなら、それが「あなたにとって正しいことなのか」をもう一回考え直してもいいかもしれません。

もちろんあなたは、いもしない本命彼氏に義理を通そうとするぐらい真面目な人なので、本当はセフレより〝ちゃんとした彼氏〟を持つ方が向いている可能性は大いにあります。

それに、「深淵をのぞくとき、深淵もこちらをのぞいている」のと同じように、あなたが「〝ちゃんとした彼氏〟作らないと」と思っている間に、相手も「本命彼女を作らねば」と思っているかもしれません。深淵の方は、あなたがアホ面をして「でも今の関係も捨てがたいし〜」とずっと同じ地点を凝視している間に、すでに行動を起こしているかもしれません。

つまり、突然「俺、彼女出来たから」と切られる恐れも十分あるということです。そうなったら「損した気分」になってしまいますし、どうせ離れるとしても「切られた」より「自分から切った」方が自我を守れます。

よってまず、なぜ〝ちゃんとした彼氏〟を作りたいのか今一度考え、その上で〝ちゃんとした彼氏〟を作りたい気持ちをもっと固めるのが急務ではないでしょうか。そこがガチガチになれば、すぐに行動を起こす気になるでしょうし、セフレとの別れ話もグダグダにならず、セフレに対しても、今はどこに存在するかもわからない〝ちゃんとした彼氏〟に対しても筋が通せるというものです。

逆に、どれだけ考えても気持ちがフルーチェより固まらないという場合は、「今はステイ」でいいのではないでしょうか。フルーチェを全身に塗りたくって動くと部屋が汚れるように、気持ちが固まらないまま動いても、セフレとの関係が悪くなっただけなど「身辺整理のつもりが、かえって散らかる」という事態になりかねません。

整理できない人間の動かし方を教えてください！

庭の草むしりを望む旦那さんにコンクリ固めを提案し返す先生にお伺いします。夫婦の話です。私「夕食を自炊して家で食べよう。あなたが料理したくないなら私がするが、皿くらい洗ってくれないか」↓夫「コンビニ飯で良い」、私「ある程度部屋を片付けよう」↓夫「散らかってて良い」、私「トイレをやるから風呂をあらってくれないか」↓夫「シャワーで良い」など、ことごとく対案を示され、結局私がやっていたのですが、そろそろ堪忍袋の緒がキレそうです。どうしたらいいでしょうか。ぜひよろしくお願いいたします！（あむぴの女より）

一瞬、相談すること自体がフェイクであり、安室透（あむろとおる）の女であるという意志表明こそが主旨ではと思いましたが、相談内容が影武者にしては本物感がありすぎます。私も完全に安室透大好きっ子さんの旦那さん側の人間なので、実に耳が痛い相談です。痛いどころか読んだ瞬間耳が爆発したので、夫の「草をむしってくれ」という小言が聞こえなくなって快適なぐらいです。

おそらくあむぴＬＯＶＥさんは旦那さんに対し「その神経がわからない」と思っていることでしょう。なぜそんな汚い部屋で生きていられるのか、三食ななチキで平気なのかと。

しかし、同じように我々もこう思っています、「神経質な奴だな」と。

つまり、これは「神経構造が違う生き物同士が結婚してしまった」という、かなり深刻な失敗例と言えます。

ですが、「失敗だった」と感じるのは、「繊細な神経」を持った側です。

私のように神経が「眠い」「腹が減った」「ウンコ出そう」の３本しかない人間側からすると、神経が細かい、つまり几帳面なタイプと結婚すると、自分が汚した部屋を片付けてもらえたりするため、むしろ「成功」です。

ただ、相手が我慢して一人でやってくれているうちはいいのですが、「あなたも私と同じようにやってよ」と言われ出すと、「なんだこいつ、神経質な奴だな、そんなこと気にするなよ、小うるせえ」と面倒がったりするのです。

このように、耳どころか全身爆破してやるしかない我々なのですが、私たちはムツゴロウのように泥の中で生きているのがデフォルトな生き物なので、「もっとキレイな水の中で生活した方がいいでしょ？」と言われても「え？　なんで？」としか思わないのです。

よって、あなたがどれだけ小言を言っても、旦那さんに響くことはないと思います。むしろ、草をむしれと言われて、その必要がなくなるように庭をコンクリで埋めようとした私と同じように、掃除の必要をなくすために、家の物を全部捨てるという「池の水ぜんぶ抜く」ような極端な行動をとられる恐れがあります。

どちらにしても、夫婦関係は良くならず、むしろ悪化します。

しかし、旦那さんが「別にこのままでいいじゃん」と思っている「このまま」というのは「あなたが色々やっている状態」を指す可能性はあります。

「家は何もしなくてもこの状態なんだ」と勘違いして、「特別変える必要はない」と思っているのです。

よって、あなたも一度、何もしなくなってみてはどうでしょうか。

聞いた話ですが、旦那さんが突然仕事を辞めて「絶対働きたくないでござる」状態になったご夫婦がいました。奥さんの方は「じゃあ自分の収入でなんとか…」とはせず「自分も仕事を辞める」という方法を取ったそうです。「絶対に働きたくないでござるレース」の開幕です。

当然、金はない、腹は減るですが、奥さんは「お金ないね」「お腹減ったね」と言うだけで、絶対に自分が働いてなんとかしようとはしませんでした。そして結局、旦那さんの方が負けて、働きはじめたそうです。

あなたも旦那さんと「絶対に片づけないレース」を開催してみてはどうでしょうか。もちろん、向こうの方が神経が雑なので、厳しい戦いになるでしょうが、さすがのムツゴロウも周りの環境が泥を越えて肥溜めになったら動くでしょう。

一度、あなたが動かなければ、どれだけ生活が荒廃するかを見せることが重要です。それで向こうが「部屋汚くない？」などと言ってきたら、「そうだね、汚いね」とだけ言うか、「私は気にならない」と言ってやれば良いのです。

しかし、どれだけレースを続けても、一向に旦那さんが折れることなく、家ばかりがマッドマックスみたいに荒廃していくという場合は、潔く「諦める」という決断も必要です。

ムツゴロウと金魚が結婚してしまったのですから、お互い歩み寄るにも限界があり

生息地域
「ゴミ」
の生物と
結婚したの
だから仕方ない

ます。

そんな「諦めの家」である我が家で取られている方法は「ムツゴロウを隔離」です。私の部屋は3分の2がゴミで、ゴミさんたちに「ちょっとすみません」と言って仕事をしている状態なのですが、その部屋が快適すぎるため、他の部屋に行くことがあまりなく、結果他の部屋が汚れません。

そして、片づけにうるさい夫も私の部屋に関しては「治外法権」として、ノータッチで入りもしません。

よって、あなたも旦那さんに好きにしていい「ムツゴロウスペース」を一つ与えてみてはどうでしょうか。

相手をどうにかしたいのはわかりますが、「生息可能環境が違う生き物と結婚してしまった」のですから、ある程度諦めていただきたい、とムツゴロウ側としては思います。

男性と仕事がうまくいきませんが、それは私がブスのせいでしょうか？

顔ブスのせいか性格ブスのせいかわからないのですが、職場で男性から嫌われすぎて業務に支障をきたしており困っています。私の頼んだ仕事だけしてくれないなどのレベルで嫌われており、上司からは「他のスタッフが担当のときはしてくれたのであなたの頼み方が悪いのではないか」と言われるのですが、普通に接しているつもりなのでどうすれば良いのかわかりません。ちなみに、就活のときも男性のいる職場の面接全落ちしました。女性のみの会社で働いているので、上記の男性というのも社外の人のことです。どうすれば男性と業務に支障が出ない程度の円滑な関係が築けるのでしょうか？　どうかアドバイスをください！

まず「業務に支障が出るレベルのブス」という言葉はどこかで使わせてもらいたいなと思いました。

閑話休題。あなたの顔や振る舞いを実際見たわけではないので何とも言えない部分もありますが、あなたの顔がどれだけガッテンボタンを力強く押すしかない代物であったとしても「頼んだ仕事を無視」していい理由にはなりませんし、本当にその理由があなたの容姿だったとしたら、余計相手が悪いです。

また、上司の「頼み方が悪かったのでは」という返答も、痴漢被害者に「そんな対魔忍みたいな格好をしているのが悪い」という日本のお家芸「被害者を責める構図」「なぜか加害者ではなく被害者に改善を求める不思議」なので、納得して良いものではありません。

職場で不当に差別されることに対し、まず考えるべきことは「自分はどこを直せばいいのか」ではなく、「相手がなぜそんなことをするのか」と原因究明をしてもらうことです。

つまり、頼んだ仕事シカト事件はあなたの態度が問題なのではなく、まず仕事をしなかった側、そして上司の対応が間違っています。

上司のすべきことは「なぜ頼んだ仕事をしなかったのか」と、まずは相手に理由を聞くことです。

そこがわからないままに「あなたの態度が悪かったんじゃないの?」と言うのは、痴漢加害者を全く取り調べせず「よくわからないが原因は被害者の服装ではないかという気がする。同じ事件を起こさないため、被害者は外出の際、服装に配慮をすればいいんじゃないか」で事件を決着させるようなものです。

もしあなたに落ち度があったとしても、相手の言い分がはっきりしなければ改善のしようもありません。

よって、もし今度似たような案件が起こったら、上司には「どうしてこうなった」と相手に聴取をしてもらうように頼みましょう。

もし、その上司が動いてくれないなら、相手側の上司に言うなど相談相手を変えましょう。

直接は聞きづらいでしょうし、本人同士がぶつかると、ますますこじれる恐れがあるので、とにかく間に誰かを入れることは大切です。

そうすることにより、もしかしたらあなたが仕事を頼むとき、相手の頭をポンポンしながら「頼んだぜ?」と言っていたことが判明するかもしれません。

万が一そうだったとしても、相手も「頼まれた仕事をしない」ではなく、しかるべき上司や部署に「取引先の人がティーンズラブの読みすぎなので対処を望む」という報告をすべきであり「とりあえずシカト」は子供がするようなことであり、そこも改善の必要があるでしょう。

そしてあなたも「二次元以外の場所での頭ポンポンはやめる」など態度を改めることが出来ます。

このように、あなた一人が「自分のどこを直せばいいのか」と思い悩むのではなく、全体の問題として捉えた方が、問題点がクリアになり改善策も具体的になります。

もし理由が本当に「ブスすぎたため」という場合でも、場所を法廷に変えて話し合えます。

「まず原因究明」が何より大事なのは明らかです。

現時点では、なぜ相手がそのようなことをしたのか、理由が定かでないので、何とも言えない部分も多いのですが、逆にあなたが「ブスのせいにしすぎてないか」という印象も受けました。

ブスというのはある意味便利な言葉で、敵対する相手に「ブス」や「ババア」など、容姿や年齢というどうにもならないものをあげつらい罵声を浴びせて、安い勝利を得ようとする人間がいるのと同じように、「自分はブスだからしょうがない」と自分自身も安易な諦めの理由に「ブス」を使ってしまうことがあります。

努力すれば直せるものが原因の場合「努力の必要」が出てきてしまうので、努力では一定以上どうにもならない「ブス」のせいにする方が楽だからです。

面接も、本当に満場一致の「ブスだから」という理由で落ちたなら、そんなルッキズム会社に受からなくてむしろラッキーだったと思いますが、他の理由から目をそらし、鏡を見て「これは仕方ない！」と諦めているようではいけません。

とりあえず女には「ブス」と言っとけばダメージを与えられるから言っとけ、と思っている奴も悪いですが、自分自身が「そっす！　そっす！　ブッスでっす！」となってしまうのも同じぐらいに思考停止です。

しかし、あなたがブスのせいではと思うようになってしまったのは、ただの被害妄想ではなく、そう思わざるを得ない対応を周囲からされてきたからでしょう。

よって「自分をブスなんて思っちゃだめだよ、女の子はみんなお姫様なんだから！」などとは言いません。他人にはありませんが、あなたには自分をブスと思う権利があります。

しかし、ブスと仕事の不調の因果関係は、相手に「お前、私がブスだから舐めてるだろ?」と直接聞かない限りはわかりません。

仕事を無視されるレベルなら原因を究明すべきですが、ちょっとしたことでイチイチそれを聞いていたら、ブスどころではない問題のある人になってしまいます。つまり、些末なことで、それがブスが原因かどうかを悩むのは「考えても仕方がないこと」です。

よってまずは、「私はブス」のあとに「よって仕事が上手くいかない」というような暗い「ブストーリー」を続けるのをやめ、「私はブスだ。～完～」という事実確認だけで終わらせるところからはじめましょう。

慣れてきたら「私はブスだ」のあとに「故に無敵」とか「だからこそ見える景色がある…」とか壮大な物語を考えはじめましょう。

魔王を倒し世界を救うぐらいのストーリーを考えれば、出だしの「私はブス」のことなんて忘れてしまえるでしょう。

ブス・・・
そして伝説へ・・・

「友達の友達は友達」が正直しんどくて、どうしたらいいのでしょう？

住み心地の良い沼を見つけかれこれ5年程住んでいるのですが、沼で出会った友人関係で悩んでいます。それは「友達の友達は友達」制度です。当方コミュニケーションに支障をきたしているため、友達の連れてきた友達とはうまく仲良くできず、でも友人の顔に泥を塗っては…と、心地良いはずの沼で溺れかけています。沼ごと引っ越した方がいいのでしょうか。

コミュ障にとって「友達の友達」は鬼門中の鬼門。三人でいるときはまだ良いですが、「共通の友達がトイレに行き、二人きりにされる10分」の間にコミュ障は30歳老けると言われていますし、そのまま老衰で寿命を迎えるコミュ障もいます。

つまり、あなたが今そのような状況に頻繁に曝(さら)されているとしたら、それは「命の危機」です。

沼での死因は「推しが尊すぎた」以外あってはなりません。

他の理由で死者が出たら、沼の質が下がります。自分のためにもそのジャンルのためにも、あなたのおっしゃる通り「沼から出る」ことも視野にいれて良いかもしれません。

ただこれは、趣味から卒業しろという意味ではなく、周りには「しばらく忙しい」とでも言って「一旦離れる」ということです。

何事も上手くいかなくなったら「離れてみる」ことが大事です。

仕事だったら「仕事なんだから我慢」することもあるでしょうが、「趣味なんだから我慢」などということはないでしょう。趣味に「我慢」が必要になってきたら離れどきです。

離れたことにより気持ちが楽になり、他に良さげな沼を見つけられたならそれで良いですし、そうではなく手の震えや幻覚などの禁断症状が出たら、また沼の水を静脈に打ちに戻れば良いでしょう。

突然絶縁するのではなく、熱くなってきたからサウナを出て水風呂に入るぐらいの軽い感覚で良いのです。まずは「クールダウン」が大切であり、そこからまたサウナに戻るか、そのまま銭湯から出るか決めれば良いのです。

おそらく、あなたは5年もその沼に浸かっているので、沼に対する義理や義務、また「多少居心地は悪くなってきてるけど、新しい沼を探すのも、なあ？」という倦怠期カップルのような情を感じていると思います。

しかし沼というのは本来懐が深いものであり、沼を窮屈にするのはいつもそこに浸かっている人間たちです。

沼自体は出て行くあなたを「勝手にしやがれ」と止めもしませんが、「戻る気になれば、いつでもおいで」と言ってくれる「作詞・阿久悠（あくゆう）」のような奴なのです。

「離れて大切さに気付く」ということはありますが、相手が人間の場合、こちらの都合だけでは元鞘には戻れません。ですが、そんなわがままを快く受け入れてくれるのが沼なのです。

よって、去るのではなく、より深く沼に沈むための「助走」として沼から離れるぐらいの気持ちで良いのです。

また「行ったきりなら、幸せになれ」と阿久悠も言っています。

しかし、あなたが今の沼に疲れを感じているのは、沼自体ではなく、やはり同じ沼に浸かっている人間との関係です。

それが理由で、沼を離れるのは少し惜しい気がします。

なぜなら「一人でも楽しいのが沼」だからです。


あなたの浸かっている沼が何なのかわからないので断言は出来ないのですが、「長縄跳び沼」など、絶対に一人では無理な沼でない限り、仲間がいないと楽しくない沼など滅多にありません。

私も口を開けばソシャゲの推しの話ばかりしていますが、実はその界隈で密に付き合っている友達など一人もいません。

そんな仲間ゼロの状態でも沼が楽しいのかというと、「楽しい」のです。


確かに推しが尊すぎる時、肩を支え合いながら帰路につける仲間がいれば、と思う時もありますが、支えなく顔面から地面に激突しても、誰も助け起こしてくれる人間がいないのもまた一興なのです。

同じ沼の人間とケンカするのは良くありませんが、特に仲良くしなくたって、沼とは楽しいものなのです。

つまり、あなたが距離を置くべきなのは、沼自体ではなく、沼の人間なのではないでしょうか。「友達の友達は友達」制度はあなたの好きな沼にはなく、沼の人間が作り出しただのドロ沼であり、そこにまで浸かる必要はないのです。

人間、背負う荷物が増えれば動きが鈍くなります。友達だってある意味、荷物の一つです。増えすぎると重くなります。

そんな荷物を背負っていては、沼という時間、体力、金、全てを使うトライアスロン競技で戦えなくなるのは当たり前です。

せっかく5年も戦ったのですから、いきなりリタイアではなく、まず荷物を減らしてみることを考えてみてはいかがでしょう。

職場や学校ではないのですから趣味の世界で一人になることを恐れてはいけません。

5年もあなたを楽しませてくれた沼なのですから「今日は一人で来たんだけど」とドアを開けても快く受け入れ、いつもの尊さをあなたの前に出してくれるでしょう。

もっと自分の沼の実力を信じていきましょう。

自分の沼を
信じて!!

恋愛に「隙」は必須アイテムなのでしょうか？

彼氏がすぐ出来る人が羨ましいです。私は初めて付き合った人と結婚しましたが5年で離婚、その後は誰かを好きになっても傷つくのが怖くて積極的になれず片思いばかり。しかも好きになった人は全員既婚者なので、積極的もクソもなく何も出来ません。男性からアプローチされたこともありません。長年の友人には「あなたには隙がないから、男が近づくことが出来ないのでは？」と言われます。先生、隙がないってどういうことだと思いますか？

「隙あり！」

世が戦国なら、今頃この掛け声とともに、心臓を抉（えぐ）られたり、胴と首が破局したりしています。そんなものない方が良いに決まっているのです。

もしあなたが、水龍敬（みずりゅうけい）ランドの人ぐらい隙だらけになり、今までモテなかったのが嘘のように大勢の男から猛アプローチを受けるようになったとしても、それは「隙がある女しか狙わない男」が群がっているにしかすぎません。おそらく、それはあなたの求めている状態ではないでしょう。

それに、今の日本は、水龍敬ランドの人みたいな格好をしている女を襲った男より、水龍敬ランドみたいな格好をしていた女を責める声の方がデカいのです。

例えが全然わからないという場合は、後で「水龍敬ランド」を人のいないところでググっていただくとして、わかりやすく言えば、鍵がかかってない家に入った泥棒より、鍵をかけ忘れた奴の方が悪いと言われがちなのです。

ご友人に悪気はないとは思いますが「男にモテたきゃ隙を作れ」というアドバイスは女性にとって非常に危険なものです。それを真に受けて隙を見せて、何か被害に遭ったとしても「隙を見せたお前が悪い」と言われるだけです。

よって、あなたに隙がないとしたら、むしろそれは良いことですので、無理に隙を作ることはありません。

しかし、隙がある人が悪いわけでもないのです。

日本は比較的平和な国であり、ゲリラ部隊に育てられたという人は少数派ですので、どちらかというと隙がある人の方が多く、「そんな酷いことをする人が自分の近く、まして知り合いにいるはずがない」という他人を信頼する人が多い国なのです。「人を見たら呂布と思え」みたいな猜疑心しか育たない国より、隙があるのはよほど良いことであり、悪いのは、その信頼につけこみ悪いことをする人間なのです。

しかし、世の中では「悪いことをする奴がいるんだから、お前が気をつけるべき。さもなくばやられても文句は言えぬぞ」と、弱い側に対して、乱世かよという要求ばかりが叫ばれています。

気をつけることも大事ですが、「鍵が開いていても他人の家には入るな」「水龍敬ランドみたいな女がいても襲うな」と全員に教えるのが先なのではないでしょうか。

隙というのは、ないならなくて結構、ある奴を見てもつけ込むな、隙を突かれてしまった人間がいても責めるな、というものです。

つまり「とりあえずウイルスソフトを全部切ってみる」みたいな隙の作り方は危険でしかありません。

しかしあなたの場合、ソフトのフィルター設定が「全部シャットダウン」になっているため、良いなと思った相手すら遠ざけてしまっているのではないでしょうか。

仲良くなりたいと思っていても、心を閉ざしていては、自分は招かれざる客だと思って相手は去ってしまいます。

よって誰彼構わず隙を作る必要はありませんが、意中の相手に対しては心を開く必要はあると思います。

しかし、あなたはおそらく「こいつに心を開いて大丈夫か？」というゴールからほど遠い地点から慎重になっているのだと思います。

確かに我々は夏休み中の高校二年生ではないので、恋愛で痛手を負った翌日でも、会社に行ったり、ゴミを8時までに出さなければいけなかったりします。むやみやたらに傷ついていては部屋で生ゴミが腐ってさらに生活が荒みます。

「恋愛したいなら傷つくことを恐れるな」などと言う奴は、おそらく召使でもいるんでしょう。

よって「出来るだけ傷つかない相手と恋愛したい」と思うのは当然です。

しかし、そこを吟味し過ぎると、どいつもこいつも呂布に見えてしまい、あなたのウイルスバスターが強化されるだけです。

なのでまず「今見えていない地雷のことを考えるのはやめる」ことからはじめてはどうでしょうか。

「既婚者」というのは見えている地雷です。それに近づかないのは正しいです。しかし「こいつ、付き合っている内は良いが、結婚した途端、私のことをサッカーボールと呼びだすのでは？」は、埋まっているかどうかさえわからない地雷であり、そこまで気にしていたら、誰にも心を開けません。

よって、現時点で、肉眼で見える地雷がないと判断した相手なら、多少心を開いても良いのではないでしょうか。

そしてその時も「私の脇腹空いてますよ」という隙を見せるのではなく、「自分、あなたと話すのが楽しい」という「好意」を見せる方が良いでしょう。

隙に近づいて来る人間より、好意を素直に受け取って近づいて来てくれる人の方が遥かに健全と言えます。

こんな奴がいても
殴ったりサイフとっちゃダメです
STO
ZERO

元カレが私の悪口を投稿しているのをどうすべきでしょうか？

元カレがSNSに有ること無いこと私の悪口を書きまくっています。共通の知人が多いのでその投稿により私を貶(おとし)めるためにやってると思うんですが、どうしたらいいでしょうか？　仲の良い友人は「アイツ最低だよね！」と言ってくれますが、頻繁に会わない知人などは元カレの投稿を鵜呑みにしてるんじゃないかと心配です。かと言って、SNS上で反論しても公開泥仕合になるのが目に見えていますし、元カレと同じ土俵に上がることはしたくありません。

まず、そんな男と別れられて良かった。

それ自体がｋｉｒｉクリームチーズを奮発していいぐらいの吉事です。

既にお察しのとおり、ネット喧嘩というのは、ルールがない、行司がいない、いるのは自称行司の野次馬だけ、という最も過酷な異種格闘技です。

ルールがないので、決着がつくことはありません。

しかも、気づいたら、あなた達の戦いを見ながら升席で弁当を食っている奴がいるという、疲れる上に見世物にまでなってしまう「損」でしかないのです。

「ネットの誹謗中傷は無視が一番」と多くの識者が言っているとおり、やはり「無視」を貫くのが最善です。

しかしあくまで「ネット上では」であり、事態を無視して何事もなかったかのように振舞うのが得策というわけでもありません。


ところで、諍いというのは、双方の言い分を聞いてみないと、どっちが良いのか悪いのか判断できません。

この相談も、あなたの言い分だけなので、もしかしたら元カレの書いていることは、有ること無いことではなく「ただの真実」「むしろソフトにしている」という可能性もあります。


それにしたってネットに書くなよという話なのですが、一方の話だけでは物事は正しく判断できません。

しかし「片方の言い分しかない」という場合は、そちらを信じてしまいがちです。私も現時点ではあなたのことを、クソ野郎に粘着されている被害者と思ってますし、多くの読者がそう思うでしょう。

ネットの悪口と言えば、我々漫画家も、担当編集がいかに残虐で、血が青色3号で着色されているかをよくネットで暴露します。

よって世間では「編集者というのは全員サイコパスで、今すぐメロスに除かれるべき邪知暴虐の王」と思われていることでしょう。

思っていないなら、今すぐ悔い改めて、そう思ってください。

そういうイメージになっているのは、編集者が本当に全員サイコパスだから、という事実もありますが、漫画家の暴露に対し、編集者があまり弁明をしないから、という理由もあります。

個である漫画家に対し、会社の名前を背負っている編集者はそうそう個として反論することは出来ないのです。

しかし、漫画家の言っていることが全て真実とも限りません。

漫画家が「俺の担当には漆黒の翼と4本のツノが生えている」とツイッターで暴露

してても、本当は「8本」かもしれないのです。

しかし、担当が「12本だよ！」と言わない限り、半分ぐらいの人は「4本」という情報を鵜呑みにしてしまうでしょう。

「弁明しなくてもわかってくれる人はいる」と思いたいところですが、あなたの言い分がない以上、鵜呑みにしてしまい、あなたに悪印象を持ってしまう人もやはりいると思います。

よって共通の知人の中でも「この人には誤解されたくない」という人には、個別で「元カレに誹謗中傷されて困っている」ということを言った方が良いと思います。

あなたの味方ならあなたの言い分を信じてくれるでしょうし、逆にそれでも元カレの書き込みを信じるというなら、それは書き込みが原因ではなく「最初から元カレ側の人間だった」と思って諦めましょう。

また、ネット上の誹謗中傷に対する訴訟も増えていますし、罰則もだんだん厳しくなっています。

「訴えちまえ」というわけではありません。ただ「訴えるとしたらどうするか」というシミュレーションをしてみるのです。

最近そういう事件が増えているのでネットで検索すればＳＮＳでの誹謗中傷を扱っている弁護士がたくさん出てきますし、訴える流れや料金なども載っています。

「辞表」を用意することにより、前より落ち着いて仕事が出来るようになった、という人もいるように、「いざとなったら」という「切り札」を用意することで、人の心は落ち着くものなのです。

あなたも「いざとなったらここに相談してみよう」という弁護士の目星をつけておくだけでも、大分安心できると思います。

何だったら、「あの野郎を訴えたつもり貯金」として訴訟費用を貯めてみましょう。使わなかったら別の楽しいことに使えば良いのです。

「準備」をすることで人は冷静になり、冷静になれば「無視」もしやすくなります。

やれることをやったら、後はネット上だけではなく、あらゆる意味で「無視」しましょう。元カレのことを考えること自体やめるのです。

嫌なヤツのことを考えている時間というのは、本当に無駄です。

考えてもしかたない
イヤなことを考えて
しまった時用の
「良いモノ」を
用意しておこう

考えた分だけ元カレの家が傾く、というなら考える価値がありますが、そうでないなら考えるだけ損なのです。

悩んでいる時間も、こうやって相談している時間も、貴重な人生を浪費していると言えますし、相談相手が私という点がさらに損を加速させています。

「愛の反対は憎しみではなく、無関心です」という、マザー・テレサが言ったかと思いきや、実はテレサは言ってなくて、結局誰が言ったのかよくわからない言葉がありますが、そこらへんのおっさんがホッピー片手に言った言葉であったとしても、これは名言です。

なぜならこの言葉は「そんな奴に『憎しみ』なんてもったいねえ、『無関心』でもくれてやれ」と教えてくれているからです。

元カレのことを考えたり、あまつさえ憎んだりするのは、あなたの貴重な時間と感情を元カレに「与えている」ということになります。

それはもったいないです。元カレの事を考えそうになったら、推しでも猫でもタピオカでも良いので、あなたが愛を与えたいと思うものの方を考えてみてください。

第 2 章

性格と仕事の悩み

無職ハラスメントにどう対応していますか？

当方無職女です。病気が理由の無職です。体調のいい日は元気なので、「無職ですが？」と胸を張ってiTunesカードを買い、推しに課金したいのです。カレー沢さんは「お仕事は？」と聞かれたら何と答えますか？

私も無職です。

会社を退職するにあたり、「これからは主婦ですか」と聞かれた際も「いいえ無職です」と訂正を入れるほどの無職です。

執筆業があるのだから無職は違うだろうと思われるかもしれませんが、会社を辞めた時点で社会保険は全て失いましたし、今ある連載だって出版社などに「今回で終わり」と言われたら諾々と従うしかなく、訴え出るところすらありません。

さらに他のフリーランスの方と違い、資格や技術があるというわけでもなく、圧倒的不安定です。つまり明日正真正銘の無職になっても不思議ではないので職を尋ねられたら「無職」と答えるのが「一番誤解を生まない」と思って言っています。

しかし、私ほどの無職になると、会社を辞める3か月前から「無職沢薫先生」「カレー沢無職先生」と呼ばれる堂に入った無職ぶりであり、もはや無職になるために生まれてきたとしか思えません。まさしく「天職」です。

よって、私は他人から無職と言われても全然嫌な気はしないのですが、それは「そう呼ばれることがネタ的におもしろいから」と思っているわけではありません。別に無職は恥ずかしいことでもダメなことでもないと思っているからです。

確かに、働ける身体があるのに面倒だから働かないという、ちょっとは照れた方が良いタイプの無職の方もいらっしゃいますが、無職である理由はそれこそ千差万別であり、それを見ずに「無職＝恥ずべきこと」としてしまうのは、無職に対する職業差別です。

「アイドルマスター SideM」という男性アイドルソシャゲがありますが、そのゲームのキャッチフレーズは「理由（ワケ）あってアイドル」であり、キャラクターごとに本当にいろんな経緯があってアイドルになっています。同じ理由は一人としていません。

それと同じように我々も「理由（ワケ）あって無職」なのです。

そして、その理由（ワケ）の中には本人のやる気とか人間性とかと全く関係ない「どうしようもないこと」も多分に含まれています。

つまり、誰しも「運悪く無職」「宿命的無職」「大無職不可避ｗｗｗｗ」のような状況になることがあるということです。

病気など、その筆頭であり、どんなに気を付けていようがなる時はなります。「病気なんて心が弱くて、自己管理が出来てない奴がなるもの」と言っている奴だって120年後ぐらいには何かの病気になって死ぬと思います。

つまり、生きていれば誰しもなり得るものになったからといって、いちいち自分を責めたり恥じたりしていても仕方がありません。

もちろん具体的に迷惑をかけたり、世話をかけてくれたりしている人に感謝するのは大切ですが、少なくとも「世間様」的なものに申し訳なく思う必要はありません。

また、質問者さんの御病気がどのようなものかはわかりませんが「調子がいい日は胸を張って推しに課金したい」というのは、療養中にすることとしては「ベストアンサー」に近いです。

なぜなら「休養」には「楽しいことをする」も含まれているからです。特に推しほど健康に良いものはありません。

確かに、推しが尊すぎて体調を崩したり、気づいたらあばらが粉々になったりしている我々ですが、精神的には推しほどの良薬はないです。

むしろあなたに「推しに課金してえ」という気持ちがあることこそ、「吉兆」「回復の兆し」なのです。楽しいものを楽しいと感じられる心こそが「健康」です。

しかし、世の中には、休んでいる人が楽しそうにしているのを許せない人もいます。病気で休んでいるなら、24時間カーテンを閉め切ったＢＧＭ森田童子（もりたどうじ）の部屋で、この世の不幸を全て背負った顔で横になっていなければいけない、と思っている人です。

これはいわゆる「自粛厨の発想」であり「今世の中には大変な人がいるんだから、お前も神妙なツラをしろ」と言うわけです。

それと同じように、世の中には一生懸命働いている人がいるんだから働いていないお前は病人らしい振る舞いをするか申し訳なさそうな顔をしていろ、と言うのです。

そういう人は、休んでいる人が遊んでいるところを見るとすぐ「元気なら働け」と極論を持ち出しますが、好きなことをするのと会社へ行くのと、必要な元気量が同じなわけがないでしょう。

特に、月曜の朝会社へ行くのには、悟空が地球を救った時の元気玉と同じ規模の元気がいります。

むしろそういう膨大な元気を貯めるために、好きなことをする必要があるのです。

そういうことを言う人に会ったら「優しくない人に会っちまった」と、ドラクエで嫌な敵にエンカウントしてしまったようなものと思って諦めるしかないですが、真面目な人ほど自分に自粛を課してしまうものです。しかしそれで回復が遅れては本末転倒です。

よって、逆に「真面目に治す気があるから、推しに課金する」「課金という治療をしている」ぐらい堂々と課金、好きなことをしましょう。

ただし、それがガチャだと「推しが出なかった」場合さらに心身の健康を損ねるので、「推しへの課金は確実に手に入るグッズなど」をお勧めします。

コレだけが「休む」ではない

自己肯定感を高める魔法を、わたくしめに授けてください。

自己肯定感を高めるにはどうしたらいいでしょうか？　常に「あたしなんて…」という意識があり、褒められたり親切にしてもらったりしても、猜疑心にかられて素直に受け止められません。心がまっすぐで明るい人が羨ましいです。

どう頑張っても自分以外の人間にはなれないのに「自己肯定感が低い」つまり「自分が嫌い」というのは非常に辛いことです。

カフカの『変身』の主人公が「起きたら虫だった」みたいな感覚で、「どうしても好きになれない奴」として毎朝目覚めなければいけません。最悪な一日のはじまり方です。

出来れば、サミュエル・L・ジャクソンみたいに自分の顔がプリントされたTシャツを着たり、息子ではなく自分の名前を体に彫ったりするぐらい自分大好きになりたいものです。

しかし自己肯定感というのは一朝一夕で身につくものではありません。仮にあなたが明日の朝起きたらサミュエル・L・ジャクソンだったとしても自分の顔のTシャツは着ないでしょうし、逆にサミュエル・L・ジャクソンは突然虫になっても新しく「虫T」を作って着ると思います。

つまり、自己肯定感の高低は何で決まるかというと、必ずしも能力値に比例するわけではありません。

いつもオドオドして、ヒモ彼氏に手の甲を「灰皿」と呼ばれながら、「私が悪いの」と言っている美人もいれば、「嵐で付き合うなら誰？」という質問に「え〜一人に絞らなきゃダメ？」と真顔で返す自信満々のブスもいます。

美人に生まれても、親などに「カワイイ」と言われたことがなく、「お前は本当に醜いな」と言われ続ければ、自己肯定感を持つことは出来ません。

逆にブスでも、親戚中から「よっプリンセス！　脂身食うか？」と扱われれば、自己肯定感は育ちます。周りに認めてくれる人間がいるかどうかが問題なのです。

つまり、自己肯定感の高低は、自分の能力にもよりますが、それ以上に周りの人間や環境に大きく左右される、かなりの「運ゲー」だということです。

今あなたが「あたしなんて…」と思ってしまうのは、他人より劣っているからというより、運悪く、自己肯定感が育ちにくいコンクリの如き不毛の大地に種をまかれてしまったせいでもあるのです。

もちろん、実際にバカでブスで他人より劣っている可能性もありますが、バカでブスで他人より劣っていると気付かせた周りも悪いのです。

何でも自分のせいにすると辛いですし、「私なんか…」度が上がってしまいますので、まず「半分は運と周りのせい」と思うようにしてください。

このように自己肯定感というのは、己の能力、環境、周囲の人間、経験など、全てを積み重ねて形成されていく根深過ぎるものなので、ある程度年を取るとそう簡単には変わりません。

よって、「どうやったら自己肯定感を高められますか」と聞かれたら「生後6か月ぐらいに戻って、何をやっても褒めてくれる人を金で雇い24時間隣に置きましょう」とアドバイスするしかありません。

今から24時間褒めてくれる人を金で買い、今までの人生と同じぐらいの時間をかけて自己肯定感を高めていくという方法もありますが、時間がかかりますし、仮に今あなたが80歳だったら、自分を好きになる前に死にます。

よって、あなたがやるべきなのは自己肯定感を高めることではなく、むしろ「猜疑心」を大切にすることではないでしょうか。

あなたは猜疑心の強さを短所と捉えていますが、これこそが、能力にも人にも恵まれ、素直に育ち、「まさか自分を騙す人間がいるわけない」と思っている人間に唯一勝っている「慎重さ」です。

自分に自信のない人間というのは、被捕食生物なので「お前みたいな女と付き合う男は俺しかいない」というモラハラ野郎に搾取されたり、「これをやれば自分大好きになれますよ」と高額エステや英会話のローンを組まされたり、あらゆるものから食いものにされがちです。

そんな弱い生き物が、捕食動物から身を守る術といったら、卑屈さからくる「人を見たら宗教か絵画ローンと思え」という「猜疑心」しかありません。

あなたが「嫌だな」と思っているその猜疑心がなかったら、今頃、手の甲に根性焼きで作られた北斗七星が輝いていたかもしれないということです。

私も毎朝「また俺でスタートかよ…」と思っている側の卑屈人間ですが、猜疑心が強すぎるせいで、手ひどく騙されたことや、おかしな人間の食い物にされたことはありません。

つまり「自分嫌だな」と思いながらも、そういうヒドイ経験がないので「そんなに不幸でもないな」とも思っています。

自己肯定感がなくても別に不幸にはならないのです。

それに心がまっすぐで明るい人にも、素直ゆえに人を疑うことを知らない「迂闊さ」や、肯定されて生きてきたがゆえに、親にさえ否定されて生きてきた人間がいるということを理解できない「無神経さ」など短所はあるものです。

これから無理に自己肯定感を高めることを考えるより、「低さを活かして生きる」ことを考えた方がいいんじゃないでしょうか。

オレは無職
だからローンは
組めねーぞ
もちろん
声に出しては
ダメだ

精神年齢が実年齢を下回る私はどうしたらいいでしょうか？

当方30歳を目前にしたどこにでもいるアラサーです。年齢を重ねるのは別に構わないのですが、実年齢に能力と精神年齢が追い付かないことに日々焦りを感じはじめました。この焦りをうまく散らす方法はないでしょうか。

まず「精神年齢や能力は実年齢に比例する」という考え自体が、なぜ未だに信じられているか不思議なぐらいの迷信です。

どのぐらい血迷っているかというと「コーラで洗えば妊娠しない」レベルの迷走っぷりです。

今すぐ国民的アニメの「見た目は子供、頭脳は大人」という決め台詞の後に「逆もあるし、むしろそっちの方が普通」と付け加えてもらわなければいけません。

例えば赤ん坊を通販じゃない方のアマゾンに放置したとして、30年後その子が「米倉涼子のドラマで見たことあるぞ」みたいなデキる女になっているかというと、そんなわけはありません。体は緑でオレンジの胸毛が生えているに決まっています。「体は緑〜」の部分の意味がわかりません、と担当の赤字が入ることは百も承知ですが、そんなものはググれカスです。

つまり、女を「米倉涼子がドラマで演じてそうな感じ」にするのは30年の月日ではなく、30年の中身です。人生経験が濃ければ、小学三年生の時点ですでに「米倉」な女もいるのです。

よって、今あなたは「アラサーにもなって、安西先生がうしろにズッコケるほど、人間的に成長していない自分は人として異常なのでは？」と悩んでいると思いますが、まずそこを「大して人間的に成長することも能力が伸びることもせず、ただ30年近く凡庸に生きてきたんだから当たり前」つまり「人としてすごく普通」と認識を改めることからはじめましょう。

「異常性なし」と思うだけでも、だいぶ楽になるのではないでしょうか。

しかしそうは言っても、年齢的には大人なのに子供っぽい自分が嫌という気持ちは消えないでしょう。

それに、冒頭で挙げたような迷信が未だに根強く信じられているので、「コーラで洗えば大丈夫だって」と同じノリで「いい年して何やってんの」というような的外れなことを言ってくる輩が多いのも事実ですし、そう言われたら落ち込んでしまうでしょう。

しかし「精神年齢は実年齢に左右されない」のですから、身長のようにある程度の年齢を越えたら伸びないというわけではありません。

アラサーからでも己を成長させたいなら、インドに行ってみるとか、自己啓発セミナーやパワーストーンにはまるとか、静脈に水素を入れてみるとか、いろいろ策を講じてみてはいかがでしょうか。

しかし、実年齢と精神年齢は関係なくても、加齢とともに体力の方は確実に落ちていきますので「水素を生成する機械の説明を聞きに町内の商工会議所に行くのが面倒くさい」となります。さらに、水素の作り方も一回聞いただけでは覚えられません。

つまり、残念ながら「年を取ってからでも、人間性や能力を伸ばすことは可能だが、若いころよりは伸ばしにくい」というのは確かなのです。

アラサーと一言で言っても、34歳が土俵際の粘りを見せているケースと、26歳が余裕をぶっこいているケースでは事情が異なります。

26歳なら一秒でも早くインドに行きましょう。こんなところで焦っているフリをするのが一番時間の無駄です。

34歳の場合は若干厳しいので、逆に、「実年齢に対し精神が未熟であること」の美点を考えていきましょう。

まず、年相応に精神が成熟した人、もしくは年齢以上に成熟している人にとって、この「見た目は大人、頭脳は子供」の「逆コナン」な人は苛立ちの対象でしょう。

私がまだ会社員だったころの話です。

40代の男性が面接をしにくることになっていたのですが、「会社までの道に迷い、迷っている内にテンションが下がってしまったので、面接はもういいと言って帰る」という事態がありました。それも、本人が連絡してきたわけではなく、来ないのを訝しく思った面接担当が電話して判明したことです。

成熟した方々は「これがいい大人のすることか」と大そう呆れていたのですが、逆コナン側である私は「その年でそういうことしていいんだ」と、この逆コナンパイセンに大いに勇気づけられました。

このように、成熟してない人間は同じような人間を見ても、安心こそすれ苛立つことがありません。

どんな人間に対しても「しっかりしていて偉い」か「私と同じぐらい出来てなくて安心する」か「私より出来ないなんて尊敬する」の3択なので、あまり他人に対してイライラしなくて済むのです。

他人にイラつかないというのは、大きな利点と言えるでしょう。

一方で、成熟した人の苛立ちもわかりますが、「自分が出来るからといって出来ない人を責める」というのは優しくありません。努力にかかわらず出来ない人は本当に出来ないのです。

この点でもあなたは、そういう人たちにない「出来ない人を責めない」という「大人の寛容さ」を持っているのではないでしょうか。

また、あなたが逆コナンパイセンの雄姿に勇気づけられてる時、あなたもまた誰かのパイセンとして勇気を与えているかもしれないのです。

つまり、我々は誰かのヒーローなのです。「情けない」などと思わず、胸を張っていきましょう。

こっちの方が
普通

何事も断れない私はどうしたらいいでしょうか？

私はとにかく「何事も断れない」性分です。自称しゃらくさいバーを何軒も経営している副業支援詐欺男に「お金あげるからお金ちょうだい」と言われ、まんまと引っかかりました。その翌月、「在宅ワークで稼ごう！」といったよくあるネットセミナーで、フィッシングやアフィリエイト商法を月額100ドルで教えてやろうと言われ、そっちは無事回避できましたが、セミナーは最後まで拝聴してしまいました。途中離脱も出来たのですが、なんだか相手に悪いな、という思いが強く働いてしまったのです。そんな感じなのでTVを持っていないのにNHKの集金も断れず、何なら集金おじさんの愚痴まで聞いてしまう始末です。断れない気の弱さが見抜かれているのでしょうか。どうしたらカレー沢先生のように逞しいメンタラーになれますか？

書かれたエピソードだけ見ても、あなたはとても「話しやすい人」つまり「親しみやすい人」だということがわかります。愚痴というのは、それを聞いて嫌な顔をしそうな奴には言わないものです。

きっと重度のコミュ障である私でも、あなたとなら30秒以上会話を続けることが出来るような気がします。

他の人間の前では仏像のようになるコミュ障やオタクが、あなたの前でだけすごく饒舌かつ早口、ということはないでしょうか？

まず、あなたは「話しかけられやすい」のだと思います。

旅先のブラジルでも現地人から道を聞かれてしまう人もいれば、杖をついた老人でさえ自分の前を通る時は小走りになるという人もいます。

このように人は人を一目見た瞬間「話しかけやすい」「話しかけにくい」を判断してしまうものなのです。

話しかけられさえしなければ、無駄な会話に時間を取られたり、そこから詐欺被害にあったりすることもありません。

よってまずワンポイントでも「話しかけられにくい要素」を取り入れてみましょう。

法に触れず、奇抜過ぎず、さりげない話しかけられにくさを演出するなら、まずパワーストーンではないでしょうか。

首、手首、耳、指、あらゆるアクセサリー装着可能部位に一個ずつパワーストーンを装備すれば、逆に相手に「長い話がはじまりそう」「何らかの勧誘をしてきそう」というイメージを持たせることが出来ます。さらに運気も上がって、文字通り一石二鳥です。

しかし「面倒くさそうな人」という印象を持たれてしまうのも良いことではありません。

よって、「頭にバリアートを入れる」というのはどうでしょうか。

バリアートというのは、ＥＸＩＬＥの中に一人はやっているような気がする、刈り上げにさらにカミソリやバリカンでラインを入れる髪型です。ググっていただければすぐ出ると思います。

とはいえ、般若心経を剃りこむなど、派手にやる必要はありません。平素は髪で隠れるが、結ぶと現れるぐらいで結構です。

コレが
バリアート

それにどういう効果があるかというと、「ＥＸＩＬＥがやってそうな髪型」、つまり「リア充」または「オシャレ」感を出すことが出来るということです。

オタクや非リア充、コミュ障は、「怖そう」「ヤバそう」どころか「リア充そう」というだけでウォール・マリア級の壁を作ってきます。

同類と思って話しかけた人間が高校時代バンドをやっていたとわかるや否や、「曲者！」と手裏剣を投げて走り去っていく悲しい生き物なのです。

よって、バリアートじゃなくても良いのですが、少し尖り気味なオシャレをするだけで、自分の話を聞いてくれる人間を探しているコミュ障タイプをピンポイントでシャットダウンすることが出来ます。少なくとも私なら話しかけません。

また、尖ったスタイルは「ただモノじゃない感」も出せるので、騙すのが目的な人間にも標的にされづらくなります。

しかし、「ただモノじゃない」＝「近寄りがたい」でもありますので、「血が渇いてないナタを両手持ち」など見た目を尖らせすぎると、今度は「孤独」にさいなまれることになってしまいます。

せっかくですから、あなたの美徳である「親しみやすさ」を削がない自衛方法も考えてみましょう。

あなたは私のことを「逞しいメンタラー」と言ってくれていますが、私も基本的に断れない性格です。

ただ、部屋から出ないため、声もかけられないから騙されようもない、というだけです。

実はこれがベストアンサーです。

部屋から出さえしなければ、「話しかけられにくいスタイル」などという小細工さえ不要になります。

ただ、あなたは無職の私と違って外出の必要があるのだと思います。

しかし外出しただけでは自称しゃらくさいバーを何軒も経営している副業支援詐欺男とはそうそうぶつかりません。

よって、まずあなたのやるべきことは「行動範囲」の見直しではないでしょうか。

アニメイトにオタクが多いように、「そういう人間」が集まりやすい場所というのはあると思います。

漁場を変えれば、今はマイナスになっているあなたの親しみやすさがプラスに転じる可能性が十分にあります。

断る方法を考えるのも良いですが、まず断りにくい上に金がからむ話を持ってくる人間に遭遇しないようにする方が大事です。

つまり「部屋から出ないのが一番」という答えは変わりません。

SNSでの幸せアピールに辟易している私は
どうしたらいいでしょうか？

20代半ばを越え、SNSには結婚、出産の話題が増えました。なんとか流れに乗らねばと焦ってしまいます。SNSを見ないようにしても、幸せアピール合戦が激しいとどうしても目に入ってきます。幸せアピールだと思ってしまう自分が卑屈なのかとも思いますが、旦那や子供といった幸せ自慢への対処法と心持ちを教えてほしいです。

おキャット様でさえ、捕った獲物を人に見せに持ってくるのです。それより遥かに劣った下等生物である人間が同じことをやらないはずがありません。

敵将を討ち取ったら、その首を持ち帰って他の武将に「この首エモいっしょ」と自慢するなど、昔から人間は手柄を立てたり、何か良いことがあったりすると、それを誰かに見せずにいられないのです。

むしろ、手柄や幸福は他人に披露してはじめて「完パケで納品」であり、どれだけ大きな吉事があっても「一生誰にも言うな」と言われたら、嬉しさも半減なのです。しかし、常に「すごいっす」と自慢話を聞いてくれる舎弟を連れている人も少ないでしょうし、戦国時代でもないので手柄披露のために一席設けるのも難しいです。そのため、自慢したいことがあっても自慢する場がないということが昔はよくありました。

しかし、今はインターネット、そしてＳＮＳがあります。

ＳＮＳなら、わざわざ自慢話を聞いてくれる人間を集める手間もなく、ただドヤりたいことを書きこめば、あとは勝手に不特定多数の人間が羨ましがってくれるという寸法です。

つまりＳＮＳは「敵将の首置き場」として最適なのです。

しかし、その首は置いた人間にとっては手柄や幸福でも、関係ない人間から見たらただの生首ですので、あなたが生首という名の他人の結婚出産報告を見て「グ、グロい…」と嫌な気分になるのは当然です。

よってまず、「友達の幸福を妬むなんて自分はなんて小さい人間なのか」などと思うのはやめましょう。

コレが
SNS・・・

むしろ、生首を見て平然としている方がサイコパスっぽくて怖いです。少なくとも「人として当然」と思ってください。

このように、ＳＮＳが敵将の首を置くために作られたとしか思えない構造をしている以上、ＳＮＳをやっていて生首という名の他人の自慢や幸福を目に入れないようにするというのは不可能です。

しかし「極力目に入らないようにする」ということは出来ます。

たとえリアル友達でも「こいつ首しか並べねえな」と思ったら遠慮なくミュートなどすればいいのです。

相手に気取られず相手を視界から消せるというがＳＮＳの利点なのですから利用しない手はないでしょう。

私もＳＮＳで同業者の成功などを目にすると全身から血を噴き出して死ぬので、「アニメ化」とか「重版」などのワードは最初からＮＧにしていますし、フォローしている同業者もサクセスした者から順次ミュートです。その結果私のタイムラインはかなり閑散としてしまいましたが、とにかく平和です。

そんなみみっちいことをしたくないと思うかもしれませんが、自慢話や幸せアピールをインターネットに書くこと自体、割と小さめな行為なので、そこはイーブンです。

そもそもSNSというのは自分の国なのですから、国王である、あなたの輿を削いだ奴は追放で当たり前なのです。

SNSを見るのをやめられないなら、少しでも目と心に優しいタイムラインを自分で構築しましょう。


しかし、人間には「怖いもの見たさ」という、下等生物ならではの無駄な機能が備わっているので、台風の日に田んぼや海を見に行ってしまうように、よせばいいのに調子が良さそうな友人のSNSを見に行って、見事鬱の波に飲まれるという不可解な行動をとってしまうことがあります。

よって、どれだけ自分のタイムラインをユートピアにしても、なぜかわざわざそこから出て、地雷が埋まっている敵国の様子を見に行って爆死してしまうことがこれからもあるでしょう。


しかし、あなたが主に羨望と焦りを感じている、結婚や出産というのは言い方を変えれば、配偶者と子供が出来ることであり、この両者は「悩みの種」としても常に上位に挙がってくる代物です。

結婚や出産で幸せになることもありますが、それらが原因で不幸になることもあります。

よって「結婚しました」「出産しました」という報告だけを見て「こいつ全クリしやがった」などと羨んだり焦ったりする必要はありません。

逆に彼女ら彼らは、新しい試練の入り口に立ったにすぎず「スタート地点が絶頂だった」ということもありえます。

それにSNSで幸せアピールしている人間も、実は内心不安で、自らの選択が正しかったと信じたいがために、SNSに載せて「いいね」という後押しを求めているとも言えます。

ここは一つ、まだ「悩みの種」を持っていない身軽な者として、相手を崖から突き落とすつもりで「いいね」を押してあげる余裕を持っても良いのではないでしょうか。

「私、頑張ってるのよ」マンにどう対応したらいいでしょうか？

友達の「私、頑張ってるのよ」アピールが多すぎて嫌になります。「私は誰よりも疲れているし、誰よりも辛いし、頑張っている」を猛烈にアピールしてくる人種にはどう対応したらいいでしょうか？　また、そういった人たちと距離を置きたいのですが、どうしたらいいですか？

「努力が褒められるのは義務教育まで」

誰が言ったかわかりませんが、けだし名言、だが厳しい。

「成果が出せない努力など無意味」そうはわかっていても、努力したことを褒めてもらいたい。

たとえ努力していなくても、今日も息をしていて偉い、生命を維持していて素晴らしい、と誰かに何かを認めてもらいたいものです。

こういった、本来なら褒めるに値しないことでも、とにかく褒めてほしいと思うのはどういう時かというと、もちろん「なんの成果も!! 得られませんでした!!」の時です。

頑張ったのに結果が出ていない。だがその努力を時間の無駄だった、などとは死んでも思いたくない。

だから誰かに「その努力はいつか君の役に立つ」と言ってほしいのです。「いつか」が令和の内にくるかどうかなどどうでも良く、とにかく「無駄じゃない」と認めてほしいのです。

それを考えたら「いや〜俺もブラウンも頑張ったんすけどね」と言わなかった「進撃の巨人」のキース教官は偉いのですが、せめて「俺はともかくブラウンは頑張ってた」ぐらい言っても良かったような気もします。

つまり、あなたのご友人は現在「頑張りに対して結果が出ていない」という、なかなか辛い状況にあるのだと思います。

結果が出なくて辛いから、とりあえず努力だけでも誰かに認めてほしくて、猛頑張っているアピールをしてくるのではないでしょうか。

少なくとも、私はこれだけ日々を全力少年で充実しているのよ、というマウントのつもりで言っているわけではないと思います。

普通だったら、そういう話は、ホストかキャバ嬢、占い師に金を払って聞いてもらえと言いたいところですが、相手は友達です。友達が辛い状況なら、少しは我慢して話を聞いてあげるべきだとは思います。


しかし、相談内容からして、すでにあなたは「我慢の限界」なのでしょう。

牛丼を食べる気満々で松屋に入っても、隣の席の奴がチーズタッカルビ鍋定食を食っていたら、ついチーズタッカってしまう我々です。

余裕のない人間の話をずっと聞いていたら、あなたの余裕もどんどん失われていくのは当然なので、ご自分のためにも、やはり距離を置いた方が良いでしょう。

では距離を置く方法ですが、なぜご友人があなたに、猛頑張ってるアピールをするかというと、あなたが「頑張りを認めてくれる相手」だからです。

自分の頑張りをあなたが必ず認めてくれて、いい気分になれるからアピるのです。

よって、面と向かって「お前の話はもうウンザリなんだよ」とは言わずとも、あなたがご友人にとって「自分を認めてくれない人」になれば、自ずと相手から距離を取ってくると思います。

だからといって号泣しながら「お前の頑張り!!　なんの成果も!!　得られてません!!」と言うのも難しいでしょう。

よってここは出来るだけ「クソリプ」をするように心がけましょう。「私は頑張っている」と言ってきたら、「もっと頑張っている人がいる」と返しましょう。

これは、頑張っている人に絶対言ってはいけないクソリプです。

この一撃で大体相手は萎えるのですが、それでも相手が果敢に「私は誰よりも頑張っている」と言ってきたら、「だが便座とかよりは頑張っていないだろう」と絶対に相手の頑張りを認めてはダメです。

そして、追い打ちとして「だからもっと頑張れ」と言うのも忘れないようにしましょう。

これを本当に頑張り疲れている人に言ったら、即連行されても文句は言えませんが、それだけ頑張りアピールできる元気があるご友人なら、多分大丈夫です。

これだけ言えば「こいつは私の苦労を何もわかってくれないし、嫌な気分にさせるだけ」と判断し、他の認めてくれる人を探すと思います。

やからない哲せに
なろう
やからない

ただあなたは、ここまでご友人の猛アピに付き合う優しい人なので、相手の頑張りを否定するようなことは言えないかもしれません。

その場合は「よくわかんないけど、大変そうだね」と言いましょう。

ポイントは「よくわかんないけど」です。「よくわかんないけど、わかるわ」とかでも良いです。

これを言うことで、圧倒的「真面目に聞いてない感」を演出することが出来ます。

もちろんそんな態度を取ったら、距離を置かれてしまいます。そして、友情が完全崩壊かと言えばそうでもなく、ご友人も今の余裕のない状況から脱したら、案外また普通の友人関係が復活することも十分にありえます。

もしそれでフェードアウトしてしまったら、ご友人にとってあなたは友人ではなく「頑張りを手ばなしで褒めてくれるお母さん」のような存在でしかなかった、ということでしょう。

あなたはママではないのですから、それで縁が切れてしまったらしょうがないと思いましょう。

正社員だけが正義な家族を論破する方法はあるのでしょうか？

私は週5日の会社勤めをしていますが、通勤だけで疲れてしまい、休日は身動きも出来ません。気分転換に在宅のライター業をしてみたところ、記事が採用されお金も少し入り、完全にいい気になりました。会社勤めを少し減らし、そのぶん執筆業で生きていきたいとまで思うようになりましたが、姉が猛反対します。どうやら姉は、人間は朝起きて週5日会社に通勤するべき生き物で、それ以外は社会不適合者だと大真面目に考えているようです。こんな姉のことは放っておいて、好きなことを仕事にしても良いものでしょうか？　悩む私の背中を、先生に思い切り突き飛ばしていただけると嬉しいです。

まずお姉さんがあなたの仕事に対し、いわゆる「貴賤」で反対をしているなら、残念ながらお姉さんの考えを変えるのはなかなか難しく、変えようと思ったら、説得する時間と労力がかかります。

説得するより手っ取り早いのは、お姉さんのことを「昭和1ケタ生まれ」なのだと思うことです。

私には90歳になるババア殿がいるのですが、たまに、ツイッターなら炎上間違いなしの差別発言をナチュラルにかまします。

発言自体を正すべきでしょうが、何せそれは90年かけて確立した考えです。今から変えさせようと思ったら、明らかにババア殿の寿命の方が先に尽きます。

なので、そこは「ババアなんだから仕方ねえ」「もうすぐ死ぬ人間を論破してどうする」「そもそも論破できねえから時間の無駄」と思って我慢し、残された時間を他の楽しい話でもして費やしています。

お姉さんはまだお若いでしょうから、考えを改めさせたい、という気持ちもわかりますが、それにはあなたの貴重な時間と精神力を使いますので、それで疲弊するよりお姉さんのことは「おばあちゃんなんだから仕方ない」と思って諦めるのも策かと思います。

ただ、お姉さんはあなたのことを「心配」もしているのだと思います。

正社員以外は恥という世間体以上に、「それで本当にやっていけるのか」という不安があって反対しているのではないでしょうか。

これに関しても、ダブルワークをはじめる前からお姉さんを完全に納得させるのは無理だと思います。

今の世の中、終身雇用崩壊や年金終了のお知らせが示すように、「絶対大丈夫」などと言い切れるのは「現金で2兆円持っている」以外なかなかないのです。


よって、お姉さんに「やっていける」という根拠を、収入試算して説得するより、実際それで「やっていけている姿」を見せ続ける方が良いのです。

おそらくお姉さんは、あなたが正社員を辞め、若干不安定な職になることにより、身内である自分が迷惑をかけられるのでは、という危惧があるのだと思います。

ならば「迷惑をかけない」ことが、一番説得力があるのです。

迷惑さえかけず数年経てば、「やってることは認められないけど、こっちに迷惑かかるわけじゃないからいいか」と、相手もあなたの生き方に慣れてきます。


私の親も、私のことをフリーランスどころか完全な無職だと思っています。

よって、昔はあなたのお姉さんと似たようなことを言っていたのですが、年金支給日を狙って実家に帰ったり、冷蔵庫の中の物を勝手に持って行ったりなどの迷惑をかけないまま10年ぐらい経ったので、今は何も言ってきません。

ついに認めてくれた、または諦めたのです。

このように、言葉で説明するより「お前に迷惑はかけない」という行動で示した方が、相手を納得、もしくは諦めさせやすいです。

それでも、「そろそろちゃんとした仕事したら？」などと小言を言われることはゼロにはならないでしょうが、回数は減るでしょう。そして、言われた時は、相手は卒寿なのだと思ってやり過ごしましょう。


そもそもあなたは、会社を辞めて文筆業に絞るというのではなく、会社勤めを減らして、文筆業を増やすという方針です。

現在では、収入自体を増やすより、収入源を増やした方が良いという考え方もあります。よって、あなたのやろうとしていることは、リスキーな賭けというわけでもなく、逆にリスクを分散しようとしているため、むしろ安定した働き方と言えなくもありません。

あと、非正規やパートでも、条件次第では社会保険や雇用保険には入れますので、そこを確認した上で、会社勤めとフリーランスのうま味を両方享受できるように立ち回ることをお勧めします。

私も長らくそのような生活をしていたのですが、休みが皆無、ガチャのせいでどれだけ働いても無意味、会社にバレて逃げるように辞めるなど、予期せぬアクシデントがあり、現在フリーランスという名の無職なので、その点は気をつけましょう。

そうしなければ、突然いろいろ失います。

上手くやれば、正社員時代より収入と自由時間が増え、それなりに安定もしているという理想的な状態になると思います。

しかしそうなると今度は、あなたの方が、週5で朝起きて会社という名の強制労働施設に通っているお姉さんを「まだ会社で消耗してるの？」とバカにしてしまう恐れがあります。

もしかしたら、お姉さんが反対しているのも、自分は会社に勤める以外収入を得る術を知らないのに、妹は何かよくわからないことで稼いでいる、ということに対する嫉妬からかもしれません。

そんな理由で社会不適合扱いされるのは癪ですし、見返してやりたいとも思うでしょうが、今後あなたがどれだけ成功しようと、お姉さんのことを「会社勤め以外能がない」などとバカにしてはいけません。

それをやると、今度あなたが上手くいかなくなった時、お姉さんがまた「鬼の首を小脇に抱えてやってくる」と、姉妹でエンドレス見下し合いをすることになり、最終的に世界は核の炎に包まれます。

お姉さんがあなたの能力を認めてくれないのは悲しいことですが、あなたも負けじと会社員しか出来ないお姉さんをバカにすれば、結局あなたも「人の生き方の多様性を認められないおばあちゃん」ということになってしまい、ババアVSババアというこの世で最も醜い戦いが始まってしまいます。

それに、週5で朝起きて会社に行き、それを何十年も続けるというのは、実際リスペクトに値することです。

よって、お姉さんに対しては、小言は「はいはい」と聞き流しつつ、「おばあちゃんは、週5で会社通ってて偉いね」と敬意を払う「敬老精神」で接することをお勧めします。

こいつ
どうやって
生きてんだ？
ねこ
そう思われるのは
仕方ないと思え

ルール違反の人間にイラついて仕方ない私はどうしたらいいでしょう？

ルールを守らない人に対するイライラが止まりません。列への横入り、提出物の期限を守らない、駅の階段での逆走、靴を履いたまま椅子の上で遊んでいる子供と、それを注意しない保護者などなどあげるとキリがないです。他人がルールを守ってないことで自分に実害がなくても、見ていてイライラしてしまいます。かと言って、逆ギレされたくないので直接的な注意も出来ません。もっと寛容になるにはどうしたらいいでしょうか。

一番の解決策は「外に出ない」ことです。

公共に出るから、公共のルールがあり、それを犯す連中が視界に入って、イライラしてしまうのです。

よって、「国民総数俺1名」でお馴染みの独立国家「部屋」から出なければ、ルールを犯す奴が視界に入ることはありません。

しかしこれは、私のような選ばれしジョブ「無」を手に入れた人間のみに出来ることなので、多くの方には少し敷居が高いかと思います。

そこでまず、このような「モラルのない人間への怒り」を成分分析してみると、半分はモラルファッカーたちへの怒りなのですが、もう半分は、明らかに相手が悪く、正義はこちらにある状態なのに、それでも注意できない自分への苛立ちなのではないでしょうか。また「いじめは傍観も同罪論」があるように、モラルがファックされるのを見ているだけの自分も同罪なのではという自己嫌悪だったりします。

よって「自分への苛立ち」からなくしてみてはどうでしょうか。

そもそも、公共の治安を守らなければいけない人というのは、駅なら駅員などその施設の管理者、または警察、仮面ライダー、などが挙げられます。

あなたがその場の関係者や警察、ジオウ、ウォズじゃなければ、ルールブレイカーへの注意は「業務外」です。

レジ係として雇われた人間が鮮魚をさばけなかったからといって落ち込む必要があるのかという話であり、注意しない、出来ないのは「それ俺の仕事じゃないから」当然と思いましょう。

また「逆ギレされたくないから注意できない」という気持ちは大事です。何せ、相手はすでにルールを犯している人間なので、注意したらノーモーションで刃物が飛んでくるなど、法までファックしてくる可能性は大いにあります。

つまり二次被害を防ぐためにも「注意しないのが最善」であり、注意しない自分に苛立つ必要はありません。

どうしても気になるという場合は、本人ではなく、その場の管理者や、ジオウに言ってみてはどうでしょうか。

適切に処されるかどうかは置いておいて「告げてやった」という行動実績が、もやもやを大分軽減してくれるのではないでしょうか。

またあなたが、そのようなことに苛立ってしまうのは、あなたが高いモラルを持っているからであって、決して心が狭いとも、寛容になるべきだとも思いませんが、どうにも出来ないあらゆることにムカついていたら身が持たないとは思います。

よって、自然界に近い方から諦めてみる、というのはどうでしょうか。

災害に怒っても仕方ないのと同じように、子供が泣いたり高齢者が鹿みたいに道路を横切ろうとしたりする、自然に近い存在が起こす大自然極まる行いは、「突風で飛ばされたピンサロのチラシが顔面にヒットした」のだと思って諦めることも時には必要だと思います。

また「苛立ち」の中には「妄想」が含まれていることも多分にあります。

例えば、公共の場で騒ぐ子供と放置する母がいたら、最初はその行為に苛立っていたものが、だんだんガキの顔つきや母親の服装や化粧センスなどへの苛立ちへ変わり「この女の一人称は『ウチ』または『あーし』に違いねえ…」という、どうでもいい上に事実無根なことへの怒りに変わっていくのです。

よって、イラッときても、目にした以上のことは考えない努力をするか、どうせ妄想するなら「この母親は子供を注意出来ないほど疲れているのだ」という優しい妄想か、「※この母子はこのあとスタッフにより処されました」というハッピーエンドを想像してみてはどうでしょう。

また、あなたが何かとイライラしてしまうのは、「怒る準備は出来ている」状態で公共の場に飛び出している可能性があります。

私のような選ばれしジョブ「無」を手に入れたものでも、今ではネットがあるため「今日こんなマナーファッカーがいた」という情報がツイッターなどに絶え間なく流れてくるため、実際目にしていなくてもムカつくことが出来るようになってしまいました。

そして、ごくたまに公共の場に出ると全員「そういう人間」なんじゃないか、と思えてしまいますし、いざちょっと「そういう人間」を見ると「インターネットで見た奴だー！」と100点満点でムカつけてしまうのです。

あなたの場合もそういった「世の中の負の部分に対するアンテナ」が立ちすぎている可能性があります。

まずは「腹の立ちそうなニュース」を徹底的にシャットダウンし、おキャット様動画、推しの顔など、好きなものだけ見てみるようにしてみてはどうでしょう。

そうすれば、公共の場でも嫌なものではなく、気分の良いものの方が先に目に入るようになるのではないでしょうか。

たとえ、ジジイに横入りされた瞬間も、おキャット様は可愛く、推しは尊いのです。それを差し置いて一日中ジジイのことでムカつくというのはどう考えても不健康です。

金の
バフン
バフン
短い人生
できるだけ
良い物を見よう

目に映る悪を成敗できるのは、暴れん坊将軍や水戸黄門など、権力者そして若干の暴力を許された人たちだけです。

暴れん坊黄門でない人間は、成敗を考えるより、1秒でも早く忘れて、他の良いことに目を向けるよう努めた方が良いでしょう。

他人と比較して自己嫌悪に陥ってしまう癖を どうしたらいいでしょうか？

私は会社の同期や友人と自分を比べてしまい、「こんなことも自分は出来ないのか」と自己嫌悪に陥ってしまうことが多々あります。延々自分を責めてしまい、新社会人になって早々メンタルがヘラってきています。カレー沢先生、この地獄のスパイラルから抜け出すにはどうすればいいですか？

人と接するから人と比べて凹むのです、といつもの「部屋から出ない最強論」を説きたいところなのですが「他人との比較」というのはなんと、他人と一切関わらなくても出来てしまうのです。

インターネットを開けば、赤の他人の作品がアニメ化したとかで凹めますし、通信機器を全て爆破しても「自分が部屋で一人破壊行動をしている間にも、他の人は立派な社会の一員として生産的なことをしているに違いない」と思えば、いくらでも落ち込めてしまいます。

よって「絶望から自分以外の人類滅ぼす」というＲＰＧのナーバスな悪役みたいなことをしない限りは「人と比べる」という行為は止められませんし、仮にそんな能力があるなら劣等感など抱く必要はないと思います。

劣等感や自己嫌悪を払拭する一番てっとり早い方法は、自分より下を見て「この人よりはマシ」と思うことです。

すでに「そんな人はいない」というレベルまで落ち込んでしまっているのかもしれませんが、それでも大きめの石の裏や、洗ってない水槽など、探せば2、3匹くらいは見つかるものです。

しかし、「自分より下を見て安心感を得る」という行為はおシャブはんと一緒で、一時的に良い気分にはなれますが、すぐ効果が切れる上に、使う度に大人の階段下る、逆「思い出がいっぱい」状態になるので「もっと下を、もっと下を」とやっている内に、己が石の裏や洗ってない水槽の住人になってしまいます。

よって、この方法は、そうでもしないとリアルおシャブはんに手を出してしまう、という時の「切り札」として大切にとっておきましょう。

こんなことで
悩んでるのは
自分だけ

ではやはり上を見た方が良いのかと言うと、これは上を見てどう思うかによります。自分よりデキる人を見て「自分もああなりたい」「いつか、おまんの席にワイが座ったる。それまでせいぜいキラついとけや」という向上心が湧くなら、上を見る意味はあります。

しかし、ただ自分と比べて凹むだけで、そこから特に何もしない、というなら無意味ですし、落ち込むだけ損です。

一旦、上下の他人を見るのはやめて、まずは己のことを再度見つめ直してみてはどうでしょうか。

あなたは今自己嫌悪のあまり「ここまでダメな人間は俺様ぐらいのものだろう」と、ある意味自分を「特別視」してしまい、特別な自分の気持ちなんて誰にもわからない、と孤立感を深めているのではないでしょうか。

実際は、オンリーワンかつナンバーワンな悩みを持っている人なんて少数派であり、どんな悩みでも口にしてみれば、必ず「わかり哲也」と言ってくれる人が荒波をバックに現れるものです。

よって、あなたも抱えている自己嫌悪や悩みを「人面瘡が出来てしゃべりはじめた」というような特別なものとは思わず、軽い感じで良いので、まず他人に言ってみましょう。

そうすれば自分より上だと思っている同期や友人だって、意外と同じようなことを考えていたということが判明したりするのです。

友人知人に言うのがはばかられるという場合は最悪インターネットとかでも構いません。

重要なのはまず「わかりみ」をもらい「私が特別ダメなわけではない」という、良い意味で「自分は選ばれし者ではない」ことを知ることが、スパイラルを抜け出す第一歩です。

もう一つ、単純に今いる職場が、自己嫌悪や劣等感を感じやすい環境なのではないでしょうか。つまり「向いていない仕事をしている」可能性があります。

苦手なことをやれば、周りと差がついて劣等感を抱くのは当たり前です。

魚が酸素ボンベを背負って陸で暮らすより、水の中で暮らした方が手っ取り早いように、仕事は苦手なことを頑張って出来るようにするより、最初から自分に向いていることをする方が重要と言えます。

私は、「社会に向いていない」という結果を受けて、今「無職」という向いている仕事に就いています。というより、追いやられてここに来た、という感じなのですが、あなたはまだお若いと思いますので、自分の特性を理解し向いている仕事に就くことは十分可能だと思います。

今はまだ絶賛自己嫌悪中なので「自分に向いていることなんてない」と思っているかもしれませんが、前の職場では爆笑された真っ赤なお鼻が次の職場では「暗い夜道でメチャ役立つ」と重宝された、という例もあります。

速さが求められる仕事では、慎重すぎる性格は欠点となりますが、正確さが求められる仕事では利点になります。

あなたが今の仕事で感じている短所も、仕事によっては長所かもしれないのです。長所を新しく見つけるのではなく、「私、真正面から見ると奇岩だけど、この角度からだと玉城ティナじゃん？」という風に、今の仕事で感じている苦手なことを別の角度で見てみることで、自分の得意なこともわかってくるのではないでしょうか。

それと、自分を無能と思いこむと、逆に周りを万能視してしまい、この人たちは私と違って、こんなことでは悩んだり傷ついたりしないのだ、と他人の痛みに対し無神経になってしまうことがあります。

あなたが出来ないことを平然とやってのけているように見える人も、ものすごい努力と無理、そしてストロングゼロで何とかやっているのかもしれないのです。

「自分は特別無能ではない」とセットで、「他人は万能ではない」ということも覚えておきましょう。

イライラ解消法のベストアンサーを授けてください。

仕事や家でムカつくことがあるとすごいストレスになります。普通の人なら推しを愛でたりすることで解消できると思いますが、私の場合イライラしたり人に八つ当たりしたりしないと本当に発散できません。推しを愛でたりしても一時的に気が紛れるだけで、根本的なストレス解消は出来ません。周りに迷惑をかけることなく、うまく怒りを発散させることは出来ないものでしょうか。

出来ればムカつかずに生きたい。

しかし世の中はムカつくことだらけであり、ちょっと下世話なネットニュースサイトでも開けば一日中ムカつくことが可能です。

そういうものをわざわざ見に行ってムカつくのはただの当たり屋ですが、「苛立ち」が向こうからぶつかってくるのが「社会」というものです。

ここでいつも通り「部屋から出ない」を提唱します。ほぼ毎回言っていますが、この方法が万能すぎるので言わずにいられません。

部屋で一人でいれば、下世話なニュースサイトやツイッターのＴＬを一日中追っていない限りはムカつくものにはそうそう出くわしません。

仮にムカついたとしても、相手は「タンスの角」とか「レゴブロック」などの専ら無機物なので、少なくとも苛立ちから傷害事件が起こることはありません。

しかし、あなたは「社会」と関わって生きているようですし、だからこそ、そんなにムカついているのだと思います。

解消も大事ですが、まずは出来るだけムカつかないようにしましょう。

今感じているムカつきの中に、「当たり屋的ムカつき」はないでしょうか。

ネットでわざわざ胸クソの悪い話を読んで見事胸ポケットをクソでパンパンにしてしまっている時があるように、無意識のうちに、職場のムカつく人間の言動を目で追ってムカついていないでしょうか。

嫌いなもの、というのはある意味、好きなもの以上に「気になる」ものなので、ついつい「ムカつき材料」を視界に入れてしまっているのです。

自分の地雷を他人に踏まれて怒っているのではなく、自分で踏みに行って怒り大爆発していないか、一度再確認してみましょう。

それでも怒りに襲われた時は、まず腹が減っていないか、そして寝が足りているか、確認してください。

怒っている時に「腹減ってんの？」と言われたら、無垢の巨人の如く、そいつを丸飲みした後、そこら辺に吐き出したくなるとは思いますが、割と言われていることは正しいのです。

「栄養」と「睡眠」というのは、精神に密接に関係があるので、足りないとイライラしやすくなります。

私も「戦争じゃあ…」という怒りが、飯を食ったら「ラブ&ピース」に変わったことが何度もあります。

また、怒りを「寝」で強制シャットダウンすることも有効です。

アルコール依存症も、どうしても飲みたくなったら眠剤で寝た方が良いらしいので、怒りも周りに八つ当たりするぐらいなら「あえて寝る！」と叫んで、ロフトベッドを上った方が良いのです。

つまり、あなたがイラつきやすいのも心身が疲れているからなのかもしれません。

怒りの解消より休養を考えた方が良いかもしれません。

飯食ったばかりだし、昨日は12時間寝ているにもかかわらず、抑えがたい怒りに襲われたという場合は、まずは一人になりましょう。

ドラゴンボールみたいに、周りを爆破して誰もいない荒野にする、というのではなく、自分が荒野に行くのです。

会社だったら、便所の個室とかで良いのです。とにかく「周りに八つ当たり」だけは避けましょう。

八つ当たりまでいかなくても「明らかに不機嫌、かと言って何で不機嫌かは言わない奴」がいるというのは、ウンコした乳児が「誰かオムツ替えてくれよ」と泣いているようなものなので、職場の空気が非常に悪くなってしまいます。

大人として、自分のウンコを便所という適切な場所で処理するべきです。

何かに当たらないとすっきりしないという場合は、あらかじめ「当たるもの」を用意しておいても良いかもしれません。

一番良いのは、クレヨンしんちゃんの「ネネちゃんのママ方式」です。

ネネちゃんのママは、ムカつくことがあると、うさぎのぬいぐるみをぶん殴ってストレスを解消します。

物に当たるのは良いことではありませんが、それで人に当たらずに済むなら安いものです。ネネちゃんのママが本当にしんのすけをぶん殴ったら大変なことになります。物に当たる以外でも「他人の見ていない所」で、かつ「他人の迷惑にならないこと」という条件を満たしているなら破壊行動や罵詈雑言で解消しても良いのです。ストレスは、推しや、瞑想、アロマテラピーなどの前向きな方法で解消しなければならない、というのも、またストレスになるものです。

それでもまだ物ではなく、人に向けなければ気が済まない、という場合は、怒りの対象に「抗議文」を書いてみましょう。

匿名掲示板に「死ね」とか「ペッ殺す」とか書くのではなく、自分の署名入りで本当に相手に出すつもりで書いてください。

レゴブロックを踏んでムカついている場合は、レゴに対して書きましょう。

そうすれば、自分は何にどのような理由で怒り、どのような対応を求めているかわかってきます。

すると「なぜそんなところに転がっているのか、踏んだら痛いではないか」という点から「そう言えば、レゴを片付けずに放ったらかしにしていたのは自分だった」と

本気で
書くのがコツ

りますし、それは己の非にも気づき、「理不尽なことで相手に怒らずに済んだ」ということにもなります。

全く非の打ちどころがない抗議文が出来た場合は、それはもはや八つ当たりではなく「正当な怒り」なので、そのまま相手に伝えても良いぐらいです。

私は、この抗議文を何回も担当に書いていますが、出すに至ったことはなく、大体書いた時点で怒りが収まっています。

「自分も悪かった」ということがわかるわけではなく、「やはり私の怒りは正しく、こいつは正当な理由をもってして滅せられるべきである」と再確認できただけで、割とすっきりするからです。

イライラというのは「自分でも何に何で怒っているのかイマイチわからないけど、みんな死ね！　キエー！」みたいな気分だから苦しく、関係ない人に当たってしまうのです。

それを「こういう理由でお前は死ね、天誅！」というところまで、怒りをブラッシュアップすることが出来れば、気分も落ち着きますし、無駄な八つ当たりもしないで済むのです。

第3章

趣味と生活の悩み

DB（ドスケベブック）の隠し方を教えてください！

中学1年生と小学4年生の息子がいるのですが、最近DBの隠し場所に困っています。もちろんBLです。


一見ただのおもしろクエスチョンに見えますが、これはとても重要な話です。

私もこのお悩みを見て、強い衝撃を受け、そして猛省をいたしました。

なぜなら「DBを家族に発見される」と聞いたら、多くの人間が「思春期の息子が隠したエロ本をお母さんが発見する」という構図を想像するでしょう。

少なくとも私はそうでした。

ここで、娘を想像する人は息子よりは少数派でしょうし、まして「お母さんのDBを息子が発見する」というのを瞬時に想像するのは、息子にDBを発見されたことがあるお母さん以外いないのでは、とさえ思えます。

しかし、それこそが、ジェンダーによる偏見、何より「お母さんと言えど、一人の人間」ということを無視している、ということに気付きました。

特に日本は、家庭においてお母さんにお母さんであることしか認めず、夫や子供に尽くし、犠牲となる悲しきマシーンであることを要求しがちです。

そういった現状に、私はお母さんでもないのに怒って、お母さんだって人間だよ、と言ってきたのですが、「BLDBを息子に見つけられたらどうしよう」と悩んでいるお母さんがいる、という発想がなかった時点で、「お母さんはお母さんなんだからDBなんか持っているはずない、お母さんはいつでもDBを発見する側だよ」と、母親に聖母マリアであることを要求していたということになります。

DBぐらい持ってたっていいじゃない、人間だもの。

みつをはそんなことは言っていませんが、お母さんだって、ミミズだってオケラだってみんなみんな持っていていいのです。

よって「息子のためにBL趣味を止める」などという自己犠牲的なことは考えなくていいでしょう。

しかし「堂々としろ」と言うわけでもありません。「俺は堂々と行く！」と「レディ・プレーヤー1」みたいな方針で行きたい、と自分が思っていても、性的なものは、家族間でなくても、目につかないところに置くのがエチケットです。

よって、今まで通り隠した方がいいですし、どうしても見つかりたくない場合は、貸倉庫やアパートを一室、ＢＬ小屋として借りるぐらいの徹底が必要です。

自宅に隠すというのなら、もう「見つかる覚悟」が必要となります。

子供が「親はネットに疎いから大丈夫だろう」と思っていても、親は子供の裏アカやポエムアカまで押さえているのと同じように、子供だって親がどう隠しても、いつか見つけてしまうものです。


問題は見つかってしまった場合どうするかです。

もし、息子さんが母のＢＬＤＢを見つけても何も言わず、見て見ぬふりをしていてくれたなら「人の知られたくない秘密を知っても、そっとしておく」ということを学んでいる、ということです。素直に息子さんの成長を喜びましょう。

「そっとする」「何も言わない」というのは、「俺様は偏見とかないんで、お前の性癖とか認めてやるから安心してカミングアウトしろよ！　さあ！」という上から目線より、よほど優しい行為です。息子さんは優しい子に育っているので、ここは一つその優しさに甘えて「バレてない体（てい）」「上手く隠しているつもり」でこれからもＢＬＤＢ

をコレクトするといいでしょう。

もしここで「お母さんがこんな本持ってるなんておかしい」「気持ち悪い」などと言われてしまったら、辛いかもしれませんが「再教育のチャンス」と思いましょう。「気持ち悪い」など、趣味を否定されることを言われたら、「人に迷惑をかけていない人様の趣向を否定する権利は誰にもない」「自分が受け入れられないものを見てしまった時の正しい行動は『攻撃』ではない『無視』だ」とあなたと息子さんの間にＢＬＤＢを置いて懇々と説きましょう。

そして「お母さんのくせにＤＢを読んでるなんておかしい」という話をしてきたら、まずＢＬＤＢの攻めになった気持ちで、息子さんを壁ドンした後「読むんだよ」と森川智之（もりかわとしゆき）の声で言いましょう。

もしそういうことを言うようであれば、残念ながら息子さんはまだお母さんを「お母さんという生き物」と思っているということです。

そのままだと、将来自分の妻にも「お母さん」や「嫁」という生き物であることを強要してしまう男になりかねません。それは母として親として現段階で食い止めるべきです。

「お母さんという生き物はいない。ただの、ＢＬＤＢ好きの一人の人間の女が、お母さんという役目もやっているにすぎないのだ」と教えましょう。

つまり、教育の正念場です。

いっそあえて、息子さんを偏見のない男にするためにも「うっかり」を装って食卓にＢＬＤＢを置いてもいいかもしれません。

埋めよう
DB
BL

趣味の段階的カミングアウト方法を教えてください！

今でこそ旦那さんには漫画家であることは勿論、二次元の男性キャラを愛してやまないことも完全にバレていると思いますが、お付き合いしたての頃はどのように段階を踏んでカミングアウトされていったのでしょうか？　私（既婚）も今では完全開示していますが、当初は夫に隠していたので気になりました。

古より「旦那の鉄道模型を勝手に捨てる嫁」や「結婚したら二次元趣味（BLである場合が多い）は止めろと迫る彼氏」というのは、発言小町界のスター選手として常に会場を沸かせてきましたし、この両選手がリングに上がると必ず場外乱闘になって流血沙汰になることでも有名です。

つまり「自分の趣味に理解がないパートナー」というのは、「孫はよ」とせがむ姑級に厄介な存在かつ、終わりのない議論に発展しがち、ということです。

そこで、ご質問の答えですが、夫は私が二次元の男を愛してやまないＫＭＢ（クソ萌え豚）であることを知っているとは思います。

しかし私から「実はＫＭＢなんだ」と夫にカミングアウトしたことは一度もありません。


まず「カミングアウト」の意味ですが、ウィキペディアによると「これまで公にしていなかった自らの出生や病状、性的指向等を表明すること」とあります。「出生や病状、性的指向等」は、めちゃくちゃデリケートかつプライバシーの根幹に関わる話です。

つまりそれらは「本人が言いたくなきゃ一生言わなくていい」ことなのです。

よって私がＫＭＢなことも、別に言いたくないから言っていません。

自分がどんな趣味を持っていようが「彼氏には言わなきゃ！」などと思う必要自体ないのです。

ただ、それが「相手に関係があり、重大な影響を及ぼす」場合は、言いたくなくても言う必要があります。

私が夫に言わないのは、私が「ノマカプ厨夢おばさん」であることが夫と夫の生活に一切関係ないからです。

ただし、「毎年冬と夏、なぜか作家でもないのに『原稿』を書くため、家事などがおろそかになり、盆と年末、数日家を空ける」という場合は別です。

しかしそこで必要なのは、「許可」を得るための「事情説明」であり、「今年は○○×△△のS字結腸責め本で参戦でござる」等、性癖の詳細ではありません。

では、私の夫が、なぜカミングアウトされたわけでもないのに、私がKMBであると知っている（と思われる）かと言うと「一緒に生活しているうちに気づいた」からです。

改まって告白はしていませんが、そこまで隠す必要もないと思っているので、へし切長谷部（きりはせべ）のフィギュアを飾ったり、クローゼットにDB（ドスケベブック）をしこたま貯蔵したりしています。

二次元趣味でなくても、一緒に過ごしていれば、よほど死ぬ気で隠してない限りは、相手の趣味嗜好というのは段々わかってくるものです。

つまり、夫は私と生活するうちに「こいつは目玉焼きにしょうゆかけるんだな」と同じノリで「二次元の男が大好きなんだな」と気付いたのです。

そのことについて夫からの言及は全くありません。目玉焼きにしょうゆかけてる奴に「なんでしょうゆかけんの？」と聞いても無意味ですし、まして「ソースをかけろ」と強要するのはモラハラだからです。

よって趣味なんて、かしこまって「実は目玉焼きにしょうゆかけるんだ」と告白しないのと同じように「そのうち気づいてもらう」程度で良いのではないでしょうか。

では冒頭で言った、鉄道模型を無断で捨てる発言小町のスターたちは、全員しょうゆ派のパートナーにヌスラト・ガネーシュばりに問答無用で塩を振る、クレイジーモラハラ野郎かというと、それらの暴挙は「鉄道模型」という「趣味」に対してではなく「その趣味のために働かれた悪行」に対して執行された場合も多くあります。

具体的には、学資保険がキハ82系になっていたとか、コレクションが居住スペースを圧迫し、家族は靴箱に住んでいる、という所業を何度言っても改めない、などが挙げられます。

それらの過程に触れず、「勝手に捨てた」だけを書けば「鬼の所業」となってしまいますが、鬼になるだけの理由がある場合もあるのです。

趣味は許される、というか、そもそも他人に許してもらうようなものでもないですが、それを「趣味に、金、時間、場所、全てを自由に使うことが許されている」と勘違いすると、趣味自体にはノータッチだったパートナーを鬼に変えてしまうことがあります。

つまり、私はこれからも夫に何の説明もなく、二次元の男のケツを追いますし、もし「いい年して立体感のない男のことで騒ぐな」と言われたら「なんだァ？　てめェ…」と瞬時に愚地独歩（おろちどっぽ）の顔になり「カレー沢、キレた!!」とキャプションがつくところですが、「あなたのＤＢで部屋が狭い」と言われたら襟を正す必要があると思っています。

「猫が好き」
ということは
3億回ぐらい
カミングアウトしてる

沼時代をどう総括すればいいんでしょう？

三次（♂）の推しから降りようと、ネット上から得られる情報を全て遮断したら、わりとすんなり出来そうです（まだひと月しか経ちませんが）。追いかけていた約7年間は一体何だったのかと自分に呆れています。つぎ込んだお金は何になったのでしょうか？

趣味第一女は、三次元の一般男性とのリアル恋愛に一喜一憂しボロボロになっている女を見るにつけ「男に依存するからこんなことに」「ひとりで楽しめる趣味持ってる自分最強説」と思ってしまいがちですが、結局、目頭の目くそと、目じりの目くそぐらいの差しかありません。

ちなみに、私は立体感のある男に興味が薄い、二次元クソ萌え豚ですが、ずっと「万歳、君を好きでよかっ（萌えゲロ）死ぬまでハッピ…（し死んでる！）」というわけではありません。

推しキャラが原作で不遇な目に遭えば、両親が目の前で知らないおじさんにぶん殴られているかのような気分になりますし、推しキャラがもう3年ぐらい原作に登場してない間は、飢餓や渇きの感覚を超えて、じっと動かず光合成で生きるという人生植物状態に陥ります。

中には、推しが死ぬと、「なぜ1話でキャラが3人ぐらい死ぬバトル漫画のキャラを好きになってしまったのか…」という、愛してしまったことへの根本的問いかけに発展してしまう者もいます。

逆に嬉しい時ですら、オタクは「しんどい」と言います。これは比喩でも大げさでもなく、本当に推しのSSP（シコシコポイント）が致死量を超えて苦しいのです。

結局、対象が二次元だろうが三次元だろうが電車だろうが、その思いがファン程度だろうがガチ恋だろうが、「何かを好きな時」は「何か」に一喜一憂し、振り回され、座ったと思ったらもう立たなければならない、落ち着きのない生活をせざるを得ないのです。

つまり、何も好きじゃない時より、精神的にも肉体的にも、時には金銭的にも遥かに「消耗」するのが「何かを好きな時」と言えます。

しかし、自分の色んなものを燃やしているのですから「充実感」はありますし、そんじょそこらの情緒不安定には真似できない怒涛の喜怒哀楽を短時間で体験するので、圧倒的に「人として生きてる」感があります。

極論を言えば、「何かが猛烈に好き」な間、人は死にません。

明日推しのライブという女にでかめの隕石をぶつけても多分死なないでしょう。

オタクに推しの新情報を与えると、「無理！」と叫んで爆発四散したのち「これ見るまで死ねない！」と、見た目的には明らかに死んでいる状態で、高らかに生きる決意を宣言します。

ここまで臆面もなく「死ねない」「生きる」と言えるのは、「生きる希望」つまり推しなどの好きなものがある時なのです。

よって、好きな人、ものに振り回されて辛いという状況より、質問者さんのように「虚しくなった」時が一番まずいのです。

好きなもののことが一生好きで、死ぬまでそれのことで、立ったり座ったりする人生というのはある意味幸せです。

「慣れる」「忘れる」というのは神が人に与えた最大の慈悲ですが、同時に我々は残

推しが
いる時
いない時
ガタ
ガタ
ガタ
ガタ

念ながら「飽きる」ようになってしまったのです。

ただ飽きるだけなら良いですが、往々にして質問者さんのように「今までやってきたことまで虚しくなる」と「人生無駄した」「とりかえしのつかないことをした」と過去からこの先の人生まで否定することにつながってしまいます。

よって、まず「突き詰めて考えて虚しくならないものなどこの世に存在しない」と思いましょう。

極端に言えば最低限の生活に必要な衣食住に関わる金以外は全部「無駄遣い」ですし、それすら「何でどうせ死ぬのに生きようとしているの？」と考えれば無駄です。

つまり、全部無駄なのですから「あれは無駄だったのでは？」と考えること自体無駄なのです。

しかし、「どうせウンコになるし」と言う理由で飯を食わなかったら餓死しますし、どうせウンコになるとしても、口に入れる時点では出来るだけ美味いものの方がいいに決まっています。

よって、あなたの7年間、推しの存在はそういうものだったと思いましょう。

消化されてしまったものなので、もう今後何にもなりません。ただ7年間あなたが生きるのに必要な栄養だったのは確かであり、それがなかったら餓死していた可能性も大いにあります。

もう、それはあなたの口に合うものではないかもしれませんが、推しに7年生かされた今があるからこそ、また次の美味いものを見つける未来があるのです。

それに、一番良くないのは、「もう飽きたし全然美味いと思えないが、今までかけた金と時間が惜しくて、自分に嘘をついてでも美味いと言って食い続けている状態」です。

付き合った時間を無駄にしたくなくて、もう好きでもない相手と付き合い続けるのと同じで、さらに時間と金を無駄にすることでしょう。

少なくともあなたはそこからは脱していますので、無駄だったと悔いることはあるかもしれませんが、「これ以上無駄にすることはない」と前向きに考えてみてはどうでしょうか。

「部屋と推しグッズと私」状態が寂しすぎてどうしたらいいでしょうか？

長く一人暮らしなのですが、最近寂しいです。同居できる家族はおらず、長年連れ添った猫は天に召され、新たにお迎えする気はありません。推しグッズを玄関に設置することも考えましたが、来客時を想像すると踏み切れず…。一人暮らしの寂しさをどう紛らわすべきか、ご助言をいただけたら幸いです。残業あがりが超絶虚しいのです…。

まずは、おキャット様のご冥福を祈り165時間の黙とうを捧げます。これは落ち込み不可避であり、精神的にもろくなるのも致し方ありません。

でも、落ち着きましょう。

統計上、人間寂しい時には「下手を打ちやすい」という傾向があります。

寂しさ故に、熟慮することなく恋愛や結婚をしてしまったり、元カレに「久しぶり？　何してた？」などという上目遣いアヒル口ＬＩＮＥを送ってしまったりするものです。

そういう行為は、寂しい女につけこむハゲタカ野郎や喪黒福造を呼び寄せます。

よって、「ドーン!」となる前に、「まだあわてる時間じゃない」と自分の心に喪黒ではなく仙道を呼びましょう（最近この例が若者には通じないという驚愕の事実を知ったので、わからない場合はカスのようにググってください）。

人は孤独に苛まれると「孤独＝一人でいるから」だと判断し、それを打破するために他者の存在を求めてしまいがちです。

しかし、あなたにはすでに「長く一人暮らしをした」という実績があります。

まず、ここをもっと評価しましょう。一人暮らしというのは、生活費の捻出から、家事雑事まで全て一人で行う、というかなりすごいことなのです。

ビンの蓋が固くて開かない時、男手がある家なら安易に開けてもらうことが可能ですが、女一人暮らしの場合は、開けられるようになるまで筋トレするか、逆にビンを破壊するかしかありません。

そんな、ガラスの破片まみれの「ごはんですよ」を食んできた強い女なのですから、孤独も、開かないビンの蓋や点滅している蛍光灯の取り替えと同じように「やろうと思えば一人でなんとか出来るもの」と考えましょう。

具体的に寂しさを紛らわす方法ですが、まず「人間の脳は割とちょろい」という事実を利用します。

私の知人女性も、暮らしている部屋が一人暮らしにはあまりにも広く、あなたと同じように会社から帰った時、凄まじい孤独を感じたそうです。

そこで彼女が何をしたかというと「Spotifyを爆音で鳴らし続けた」そうです。

それを続けていたら孤独感はなくなり、ついには音楽を鳴らさなくても平気になったそうです。

つまり、「誰かあたしを抱きしめて」みたいな気持ちになっていたとしても、脳みそ的には「何か音がしてりゃいいよ」程度のことだったりするのです。

よって、私の知人女性のように、部屋に音楽を絶やさないようにしてみるとか、玄関に推しが置けないならシンバルやほら貝を置くなどし、帰宅した瞬間鳴らしてみてはどうでしょうか。スペースに余裕があるならドラがおすすめです、ドラを一発鳴らせば、寂しさなんて割とすぐに霧散します。

また、あなたには「推し」がいるという大きなアドバンテージがあります。広辞苑の印刷ミスで書かれてはいませんが、「孤独」の対義語は実は「推し」なのです。

もちろん、人目もはばからず、推しを玄関に置けというわけではありません。平素は隠しておいてもOKです。ただ要所で取り出すのです。

その要所とは「食事」です。

「孤独のグルメ」は良いですが、一人暮らしの部屋で一人でご飯を食べる「孤食」は寂しさを加速させるものとして問題になっています。

その対策として「自分の対面に鏡を置いて自分の顔を見ながら食べる」という方法が提唱されています。

まさか、そこまで単純じゃねえよ、と思うかもしれませんが、実際鏡を置いた方が食事をおいしく感じたという結果が出ています。我々の脳は「まさかそこまで単純」なのです。

「自分（テメエ）のツラでも目の前に顔があれば飯がうまい」というシンプルヘッドな俺たちです。推しが目の前にいればおいしくないはずがありません。ぜひ食事の際には対面に推しグッズを置いてみるようにしましょう。数が多い場合はあなたを囲むように配置してもいいかもしれません。

それ以前にあなたは現在「ないもの」ばかりに目が行って孤独になっているのではないでしょうか。

あなたには一緒に暮らす家族はいないかもしれませんが、同居家族がいる人間は、家族を得た代わりに「自由」を失っていたりするものです。逆にあなたも孤独の代わりに何かを得ているはずであり「何もない」なんてことはないでしょう。

全てを得るのは不可能なので、ないものの数を数えるよりは、今あるもの、むしろ一人だから出来ることに目を向けた方が建設的です。

とりあえず、休日を一日全裸で過ごしてみてはどうでしょう。これは同居家族がいるとなかなか出来ません。ついでに、尻太鼓にも挑戦すると、音も鳴らせて一石二鳥です。

今後一人じゃなくなる可能性もあるのですから、今の孤独を「チャンス」と捉え、いろいろと一人でトライしてみることをお勧めします。

コレで
何とか
なってしまう
オレたちだ

賃貸派の夫をカンオチさせる方法を教えてください。

夫婦と子の3人で賃貸物件に住んでいます。私は家を建てるかマンションを買うかしたいのですが、夫が渋ります。注文住宅を建てられた先生、夫を説得するためのアドバイスをお願いします。

もし旦那さんが大して自我のないタイプなら、住宅展示場とかハウスメーカーがやっているイベントに連れて行くことをお勧めします。

あのような場所で、塵一つない、テーブルにフルーツ盛りなんかが置いてあるモデルルームを見てしまうと、人はＩＱが２ぐらいになってしまうので「このフルーツ盛りは自動で置かれるものではない」ということすらわからなくなってしまいます。

また、そこには必ず「営業」がいます。

冷静に考えれば、明日をも知れぬ世の中で、数千万円の代物を何十年ものローンで購入するなんて正気の沙汰ではありません。

つまり、ハウスメーカーの営業は「人間を正気じゃなくさせるのが仕事」という、営業の中でも特に強い部類、ドラクエでいえば「エビルマージ」みたいなのが出てくると思った方がいいでしょう。住宅展示場はバラモス城なのです。

私たち夫婦がなぜ家を買ったかというと、自我のない二人が、布の服にひのきの棒でこのバラモス城に挑んだ結果に他なりません。

よって、素人のあなたがどれだけ熱心に説得に当たるより、モデルルームに連れて行って「上質な暮らし」を見せながら、悪魔の手先みたいな営業を味方につけて説得した方が効果的です。

しかし、旦那さんが渋るのにも相応の理由があります。

実際、マンションや家を買うのが必ずしも正しいとは限りません。

旦那さんにアイマスクとヘッドフォンを装着させ住宅展示場に連行する前に、今一度メリット、デメリットを考えましょう。

まずデメリットは、いろんな意味で「大きな買い物」というところです。

金額も、それを支払う年月も実に壮大で、スケールがでかすぎます。つまり、何かあった時、凄まじい重荷になるのです。

例えば離婚。もちろんそんなことはないと信じたいところですが、我々の人生一寸先はダンサーインザダークです。離婚という大きなもめ事の中に、「家をどうするか」というさらに巨大なもめ事がログインすると、面倒くさくなって「もうこのままズルズル結婚生活を続けようか」となってしまいかねません。

つまり、持ち家を持つと「全体的にフットワークが重くなる」のです。

これは、離婚に関してだけではありません。

私の知人の話なのですが、という体(てい)のモロ私の話なのですが、私の家は夫との共同名義です。買った当時は私も会社員をしておりまして、当然ローンの支払い計画もその当時の二人の収入から計算されています。

ローン年数は確か27年ぐらいだったのですが、5年払ったところで、私が会社を辞め無職になってしまいました。

つまり、Right now、持ち家が寝起きのラーメン二郎ぐらい重くなっています。前述の通り、今の世の中、何十年も何事もない、という方がレアケースです。

何かあった時、賃貸なら家賃の安い所に移るなど、小回りが利きますが、持ち家だとそうはいきません。むしろ「せっかく建てた家だから」と「絶対持ち家死守太郎」

になってしまい、他全てを失って、最終的に家も失うという事態になりかねません。

夢のマイホームは、有事の際には大きな悩みの種となり、家を買ったことによって夫婦仲が悪くなり、だが離婚するにも家が重荷、という無限ループになることすらあるのです。


もちろん、メリットもあります。

まず、お子さんの存在が大きいと思います。賃貸だと狭いというのもありますし、子供というのは全員フリースタイルのラッパーなので、突然思いついたリリックを、クレヨンで壁に刻んでしまったりします。

私の家には、子供はいません。というか、子供を持つ予定もなかったのに、二階建ての注文住宅を建て「子供部屋」という名目の巨大なデッドスペースを5年保有しているという「貴様らは自分の人生を何だと思っているんだ」という状態なのですが、子供がいない代わりに「私」がいるため、先日自室の床を腐らせました。

これが賃貸だったら、敷金とかかなり厄介なことになりますが、持ち家でしたら、腐らそうが壁を破壊しようがある程度自由です。

ただ、賃貸だと無限に家賃を払わなければいけないが、持ち家だとローンを払い終われればあとは安心だとは思わない方が良いです。マンションなら共益費などは永遠に払わないといけませんし、一軒家でもローンが終わるころには修繕が必要になっていますから、改修費のローンを新しく組むことにもなりかねません。居住費に関してはどちらを選んでも「エターナル」だと思った方が良いでしょう。

重要なのは、ネガティブだと「どちらを選んでも絶対後悔する」ということです。私が今、家を買わずに賃貸に住んでいたら安穏な生活をしているかというと「もっと若いうちに家を買っておけば良かった。今から買うことは出来ない。もうおしまいだ」と後悔しているに決まっています。

こういう奴は、どちらを選ぼうが、自分の選んだ道のデメリットばかり見て後悔するように出来ているのです。

「賃貸VS持ち家」論争が今も続いているのは、確実な正解が存在しないからです。だとしたら、大切なのはどちらを選んだかではなく、選んだ後「こちらが圧倒的正解だった。逆を選んでいたら、今頃村ごと燃やされて一家全滅だった」と思うことではないでしょうか。

家を
買うコツは
正気を失う
コト

お酒との不適切な関係をどうしたらいいでしょうか？

大して多くもない給料のほとんどをお酒に使ってしまいます。一度飲むと2、3杯では済まず、数時間同じペースで飲み続けてしまいます。今だって、「残業したし」って理由で、飲んで帰る算段をしています。ストゼロと程良い距離を築けている先生はお酒の誘惑をどう断っているのでしょうか。

捨ててますかー!! 金をドブに！

日々金をドブに捨ててはドブ川のほとりで体育座りしている俺たちです。

その中でも酒はドブ度が高い。何せ最終的には尿、しかもオイニーキツめの尿になります。もしくは「消化器官なんか通ってられっかよ」というせっかちなヤツはゲロになります。

有益性があるとしたら、「酒しか飲んでねえのになぜか固形が出る」という人体の不思議を体験できるぐらいです。

しかし、前にも言った気がしますが、最終的にクソかゴミにならない金の使い方なんてこの世にほぼ存在しません。

一円も無駄にしまいと思ったら、生命を維持できるだけの栄養素、雨風がしのげるブルーシートと段ボール、そして局部と乳首が隠れるだけの絆創膏だけで生きるしかありません。

仮にあなたの乳首が、ヘリが着地するマークぐらい広いというのなら、かなりの出費になってしまうでしょうが、そうでなければ、必要最低限で生活は可能です。

しかし、それが「無駄のないクレバーな生き方」かというと、完全に「近所の変わり者」です。

享楽的過ぎてもなんですが、切り詰めすぎも結局「人としてどうか」と他人から後ろ指を指されるのです。

つまり、十分な睡眠、適度な運動、バランスの取れた食事と同レベルで「差し押さえられない程度の浪費」は人間の健全な生活に必要、ということになります。

あなたがすでに、3日に一度は道路で就寝、ゴミ集積場で起床という規則正しい生活を送っていたり、手首に強めのビブラートがかかっていたりするというのなら別ですが、ちゃんと玄関までは帰りついているというなら、逆に禁酒があなたの心身の健康を損なうと思います。

もし、あなたの生きがいであろうお酒をやめようとしたら、必ず「何のためにこの腐敗した世界に落とされてきたのかわからない」と、ただの酔っ払いの分際で、ちひろ鬼束か、哲学者みたいなことを神妙なツラで言いだすに決まっているのです。

我慢というのは人を極端に走らせます。あなたレベルの酒好きが無理に酒を我慢すると、キレた時、我慢していた分を取り返そうと、ケツにウオッカを流し込んだり、静脈にメチルアルコールを注射してしまったりして、結局周りに迷惑をかけます。

それよりは、今まで通り勝手に酔っぱらって、勝手にそれを悔いている方が健康ですし、少なくとも周りにとって無害です。

つまり、浪費を止める方向ではなく、いかに浪費した後に落ち込まないかが重要ということです。

考えてみてください。

我々は「これ何に使われるんだろう」という用途不明金を税金として半強制的に徴収されているのです。

それに比べれば、あなたが飲んでいる色付きアルコール汁は、自分の好きなものであり、己の血肉やガンマGTPになるとわかっているものです。

好きなものに好きなだけ金を使っておいて「またつまらぬものを買ってしまった…」と石川五ェ門のツラで凹むなんてバカらしすぎます。

同じ浪費家でも、光の浪費家と闇の浪費家がいます。

光の浪費家は金を使うことに悩みませんし、使った後でも後悔するどころか、使ったこと自体忘れるので「なぜか月末になるといつもお金がないんだよねー!」と、まるで金が不思議な力で自動消滅したかのように、頭がハッピーセットなことを平気で言います。

逆に闇の浪費家は金を使う前に悩みます。一見、慎重なように見えますが、何せ浪費家なのでグチグチ悩んだ上で結局使います。つまり、金とさらに時間も無駄にしているのです。

そして、使った瞬間後悔をはじめます。つまり、欲しくて買ったものが全然魅力的に見えてないのです。それどころか「こんな無駄遣いして、老後どうしよう」と数十年先まで暗くしようとします。

片や光の浪費家はすぐに「アタシはこれさえあればシアワセなの!」と言います。

ある意味コスパに優れた存在です。

これだけ性質に違いがあるのに、光も闇も金のなさ具合は一緒なのです。どうせ金がないなら、なぜ金がないのかさえわかっていない光側になった方がいいでしょう。

もちろん、これは性格なので、いきなり光並みに能天気になろうと思っても難しいでしょう。しかし幸いにも、あなたの金の使い所は「酒」です。

つまり頭がハッピーになるまで飲み続ければいいのです。少なくとも冒頭の相談文をタイピングできず「くぇrちゅいおp@」みたいになるところまで飲めば、この悩みは実質「消えた」と言うことが出来ます。

ちなみに私が酒にあんまり執着がなくやめようと思えばやめられるのは、結局酒がそんなに好きではないからだと思います。逆にガチャは全然やめられません。今月に入ってからすでに3万ぐらい使ってますし、それらはものの数分で消えました。

しかし、後悔はしていません。ガチャが、そして推しのことが好きだからです。それを悔いるのは推しに対して不敬です。

あなたも酒が好きなら、それを後悔するのはやめましょう。酒という推しに対して失礼です。

自分の好きな
ドブに捨てるのが
金の正しい
使い方
金

推しへの繁栄願望と独占欲に板挟みな私を救ってください。

私は今、あるキャラにハマっているのですが、人気がありません。いえ、ないわけではないのですが、二次創作をしている人が少なく、気が付くと小生の投稿だけがどんどん増えていっている状態です。そのせいか、最近、「こいつのことをわかってるのは俺だけ」など僭越な思考が芽生えはじめてしまいました。たまに珍しく推しの話をしている人を見かけても、嬉しいよりも先に苛立ちが湧いてくる始末です。同担拒否過激派を押し通せるならよいのですが、そもそも私は自分以外の推しの二次創作も腹いっぱい食べたいのです。世界が推しで埋め尽くされればいいのにと願っていたはずなのです。それが、隘路（あいろ）にハマった挙句どんどん逆方向へ突き進んでいます。メシア、私を救ってください。

あまりの地獄っぷりに、なんで俺たちはこんなに面倒くさいのか、と絶望的になる投稿です。

しかも、その地獄全てを己が作り出しているという点がさらに深みを与えています。
「おっ！　この血の池地獄コクがあるね？」という感じです。

しかし、オタクというのは大なり小なり、推しや推しカプに対し「独自の解釈」を持っているもので、それが一番正しいと思っていたりするので、「推しに対し譲れぬ思いや解釈がある」のを悩むのは「ケツが二つに割れてるのって私だけなのでは？」と悩んでいるようなものです。みんな割れているので気にする必要ありません。

もちろん全員が「私の解釈が正しい」と公の場で声高に主張しあったら、今頃世界は第56億次世界大戦ぐらいに突入していますし、あなたの髪型もモヒカンなはずです。

つまり、あなたが「こいつのことを一番わかっているのは俺」と思うこと自体にはなんら罪はありませんし、そのまま思い続けていいと思います。

しかし、それはあくまで「お前がそう思うならそうなんだろう。お前ん中ではな」という話であり、ズボンという名の心の中でケツが割れているのはいいですが、それを丸出しで往来を歩いたら、大ひんしゅくか、最悪御用です。

よって、誰が見ているかわからないところではそれを出さず、同じようなケツの割れ方（趣向や解釈）を持った者同士が集まるところだけでケツを出し合うことで、オタク界隈は一応の平和が保たれます。界隈で起こる学級会というのは、この「所定の場所以外でケツを出した」ことに起因するケースが非常に多いです。

あなたも心では思っていても、「俺の解釈が一番正しく、他は邪道」などとはケツが裂けても言ってはいけません。

特にオタクの世界というのは「ひとりとんでもないクレイジーがいる」というだけで「あのジャンルは民度が低い」と見なされて、人が寄り付かなくなってしまったりします。

特にあなたの推し界隈はそんなに人口がいないようなので、あなたの行動は目立ってしまうと思います。

よって、あなたがクレイジーゴナクレイジーになるほど、推しの周りから人が減り「自分以外の推しの二次創作も腹いっぱい食べたい、世界が推しで埋め尽くされればいい」という野望から遠のくことになります。

自ジャンルを繁栄させたいなら、布教より何よりまず「お行儀良く」するのが一番です。

しかし、黙ってお上品に正座してても同志は増えないし、仮に同志が増えたとしても今度はまた「推しを一番理解しているのは俺」という独占欲、さらに新参に対し「にわかが」と古参老害丸出しの感情を抱いてしまうことに違いはありません。

ただ、幸いあなたは「創作をする人」です。

よって、「こいつの解釈気に入らねえ」と思ったら、それに文句を言うのではなく、己の解釈を創作物にして発表し続ければいいのです。

これは「暴力は良くないからラップで決着」という「ヒプノシスマイク原理」です。他人の趣向や解釈をただ否定するのは「暴力」でしかありませんが、「ラップ」という名の創作物で間接的に「衝撃」を与えることは悪いことではありません。

現に私も、全く興味のなかったキャラや、趣向上あまり見ないＢＬカップリングでさえ、良い創作をする人の作品で殴られたことにより、そのキャラやカップリングが好きになったことが何回もあります。

つまり、解釈違いの人間に出会ったとしても、モヤモヤしたり「解釈違いなんですけど」と言いがかりをつけるのではなく、無言で「作品」でぶん殴り「そ、そんな解釈もあったのか…」と相手をひれ伏させることを考えた方が建設的ですし、戦も起こりづらいです。

あなたが良い創作を発表し続けることにより、あなたの推しを好きになる人や、あなたの解釈に賛同する人も増え、世界中を推しで埋め尽くす野望に一歩近づくことになります。


ただ、あなたを「神」として、世間にあなたの推しの創作が溢れたとしてもやはり「自分以外のは気に入らない」という思いは消えないと思います。

しかし、漫画の神さまである手塚先生でさえ新しい才能には敵対心を隠さなかったと言いますので、創作をやる人間としてそれはある意味健全な感情とも言えます。

その時はまた俺の方が上だと、新しい作品で殴りに行けばいいのです。人間同士の殴り合いはジャンルの治安を悪くしますが、作品同士の切磋琢磨は「あのジャンルの二次創作はクオリティが高い」と言われるようになるのです。

ピク●ブで勝負だい!!

おペット様との悔いのない別れ方をお教えください。

私は、夫と15歳の犬と暮らす34歳の主婦です。うちの犬は元々知り合いが飼えなくなり保健所行きになりそうだったところを私たち夫婦が引き取り、そこから10年一緒に暮らしています。15歳ですのでさすがに老いが見えはじめて、なんだかすごく切ない気持ちになってしまいます。私は今まで動物でも人でも、その死の瞬間を看取ったことがない人間なので、いつかうちの犬の死を看取る瞬間が来ることを想像するだけで怖いです。老いたとはいえ、まだ存命の犬に対してこんなこと考えるのは失礼なのかもしれませんが、どうしても考えてしまいます。カレー沢先生、大好きな犬を後悔せずにその死を看取るために、今からやっておくべきことはなんでしょうか？

これは、人間如きが80年以上も無駄に生きるのに対し、おドッグ様やおキャット様の寿命は長くても20年程度という、世界最大のプログラミングミスを、未だに修正していないという神の職務怠慢が起こした悲劇であり、早くこいつを左遷して外注でいいから新しいＳＥを入れろ、というのが一番の解決策です。

しかし、人間の寿命がどのおペット様よりも長いのは、我々人間にはおペット様が天寿を全うするまでお世話をさせていただくという使命があるからともいえます。

世の中には「目上の人より先に○○してはいけない」というマナーがあります。つまり人間がおペット様より先に死なないというのは、目上であるおペット様に対するマナーであり、逆に人間の寿命が5年ぐらいだったら「何で人間如きがおペット様より先に死んでんだ」と、多くのクレームが神に入ることでしょう。

もちろん、人間の全てがおペット様を飼うわけではありませんので、今おドッグ様を迎え入れ、世話をし、看取ろうとしているあなたは、「80年以上地球を破壊しながら無駄に生きる生物」として図鑑に載っている人間の中でも「おドッグ様をお見送りする」という生きる意義を持った珍種ですので、その点は誇っていいと思います。

来たる日のために、必ずやるべきことは「おドッグ様より先に死なない」ということです。

仮におドック様がこれから１００年生きたとしてもあなたも根性で１００年と１秒生きましょう。

まず、病気や事故、隕石などには気をつけてください。台風の日に用水路を見に行くのも、おドック様が身罷(みまか)られた後でいくらでも出来ますから今は控え、出来るだけ部屋から出ないようにしましょう。

このように大体の悩みは「部屋から出ない」ことで解決されます。

また、おドッグ様が旅立たれるまで今の生活水準を維持するのも大切です。ギャンブルやホスト、宗教にハマるのもおドッグ様をお見送りしてからにしましょう。そうであれば、むしろおドッグ様を失った悲しみを宗教などで癒せて良いかもしれません。

何か特別なことをするのではなく、おドック様にとって、最期まで変わらずあなたが世話係という名の飼い主であることが大事なのではないでしょうか。そうすればおドッグ様も安心して逝けるでしょう。

よって、あまり派手な整形などもお勧めしません。顔をアンジェリーナ・ジョリーにするのも今はやめましょう。

そしてもう一つ懸念されているのは「おドッグ様亡きあとの自分」のことだと思い

ます。

おドッグ様さえ心安らかに逝ければ残された人間が狂を発しても大した問題ではない、と思われがちですし、そういうことを書いてきましたが、そうでもありません。

それは、いつまでも泣いていたら天国のおドッグ様が悲しむよ、などという「人間が都合よく考えたおドッグ様の心情」的な理由ではありません。


私はおキャット様原理主義過激派なのですが、おキャット様を飼っていません。

なぜなら、まさに昔飼っていたおキャット様との別れが辛すぎたからです。

常にネタ詰まりで自分のことはもちろん、家族や友人のプライバシーさえ勝手に切り売りし、もっとも裁判所に近いと言われる職業「エッセイスト」を無職の傍らやっている身でありながら、このおキャット様のことだけは書けませんし、未だに思い出すことすら辛いです。

死というのは肉体的な死を指すだけではありません。現世の人間に忘れられたときが二度目の真の死だからこそ、あなたがおドッグ様のことを「思い出すのも辛いから忘れたい」という状態になってしまったら、おドック様を二度死なせることになってしまいます。

よって、出来るだけ悔いなくお別れし、おドック様亡きあとも思い出と共に心身健やかに過ごすのがおドッグ様のためにもなります。

私が「思い出すのも辛いから忘れたい」状態に陥ってしまったのは、そのおキャット様との別れがあまりに突然かつ悲劇的なものだったからです。

よって、あなたは「突然の死！」というアスキーアートが出ないように、日ごろから気を配り「必然の死！」と表示されるよう努めてください。また最期が近いと思ったら、おドッグ様のこと以外は全部ハナクソ以下だと思って出来るだけ一緒にいるようにしましょう。

ただ、どれだけ万全を尽くして「必然の死！」を迎えても、おペット様が亡くなるというのはとても悲しいことなので、普通に情緒が狂って、それが私のように一生続く、という場合も覚悟しておきましょう。

尊いおドッグ様がお亡くなりになられたのだから、それより遥かに劣る人間がトチ狂うのはもはややむなしです。

そのトチ狂った心もおドッグ様が残したものですので、真の意味で「おドッグ様は心の中で生き続けている」と思いましょう。

アバ〜!!
おかしくなるのはもう
仕方なり!!..

子供を産まなくて本当に良いのか不安です。

「子供は産まなくてはいけない」という暗示から逃れられずにいます。婚約している彼は「子供は絶対ではない、いなくても二人で幸せに暮らせるだろう」と言ってくれます。私も子供が絶対欲しいというわけではありません。私自身、子供が出来にくい体質らしく、「子供が欲しいなら不妊治療は必須」と以前産婦人科医に言われたこともあり、正直頑張って作らなくてもいいか〜と思います。でも、本当に産まなくていいのか、結婚するなら子供を持つのが普通ではないのか、お互いの両親に孫の顔を見せないで終わるのはよくないのではないか、とどうしても思ってしまいます。生まれも育ちもド田舎で、この土地を離れたことがなく、古めかしい風習が体に染み付いているようにも思います。そして今後もこの土地に住み続ける予定です。結婚しても子供がいないと、「えっなんで?」とリアクションをされるという事実もあります。また、過去に長い間付き合っていた人(婚約者とは別の人)に、子供は必ず産んでとことあるごとに言われてきたことも、本当にこれでいいのかと思う原因になっている気もします。この「産まなくてはいけない」という暗示、どうすれば振り切ることが出来るでしょうか。

結婚も出産もしたくないならしなくていい、大事なのは自分の思うように生きること、小うるさいジジババどもはどうせ先に死ぬんだから気にすんな。

……というのが最近のムーブメントであり、そう答えるのは簡単なのですが、自分の決断が他人の人生に影響を与える場合、自信を持って「自分の気持ちが最優先」とはなかなか言えないものです。


私もまさに、あなたがなろうとしている子なし夫婦のパイセンです。

私は自分で自分のケツさえ満足に拭けないタイプであり、自分のパンツにウンコがついているのは仕方ないで済みますが、子供のパンツにまでついているのは子供に申し訳ないですし、そういうペアルックで仲良し親子アピールも良くありません。

そしてそんな二人に挟まれた夫も、オセロ方式でそうなってしまわないとも限らないのです。

つまり「子供を持つと、子供を筆頭にみんな不幸になる」という確信があり子供を持たないようにしているのですが、私がそう決断するということは、同時に夫も「子供を持たない」ということになってしまいますし、私の親からすれば「一生孫の顔は見られない」ということになります。

それを考えると、自分は親になれる人材ではないと確信している私でさえ「本当に良いのか」と思ってしまいます。

いくら「他人の言うことなど気にするな」と言っても、配偶者の意思まで「外野のヤジ」と突き放すことは出来ないでしょうし、親に対して「先に死ぬんだし」とも思えないでしょう。

よって、あなたが自分の意思より、周りを気にして「子供は持った方が良いのでは」と悩む気持ちはとてもよく分かります。

話は変わりますが、私はこのように相談者が少しでも幸福になれるように道を示す「人生相談」などということをやっていますが、もちろんこれは本業ではありません。

本業は「他人の不幸ソムリエ」です。

「他人の不幸ソムリエ」とは、他人の不幸を鑑賞しながらどんぶり飯を食べる、という文字通り「他人の不幸で飯を食っている人」です。

つまり、私に悩みを相談するというのは、人喰い鬼に「うちの村が飢饉で困ってるんです」と相談しに来ているようなものなのですが、おはようからおやすみまで他人の不幸を見守り続けた私だから言えることがあります。

人間は何をやっても不幸になれる。

逆に言えば「人生に『勝ち確』はない」ということです。アクション映画であれば、味方側にジェイソン・ステイサムが現れた時点で「勝ち確定」ですが、現実では、結婚も出産もステイサムではなく、むしろそれが原因で不幸になっている人間がごまんといます。

不妊治療もすれば必ず上手くいくというものではなく、肉体的、精神的、経済的に負担が大きく、長引くと「どっちが悪いんだ?」というホシ探しがはじまってしまい、子供が出来る前に夫婦関係が破綻してしまう場合もあるそうです。

このように、幸福を手にしようとする道中で不幸になってしまう「何をしても不幸になれちゃうこの俺たちだ」なのです。

よって、子供を持つか持たざるかで悩むのは「どっちの不幸になる可能性を取るか」という「DOTCHの不幸ショー」でしかないのです。

言い換えれば「どっちを選んでも不幸にならないかもしれない」ということであり、もっと良く言えば、子供を持とうが持たまいがワンチャン幸せになれる、ということです。

つまり婚約者殿の「子供は絶対ではない、いなくても二人で幸せに暮らせるだろう」という考えはあくまで「だろう」ですが、非常に正しく、決してあなたの体を気遣って無理して言っているわけではないと思います。

彼がそういうスタンスで、あなたも「いなくていいかな〜」という気持ちであれば、わざわざ過酷であろう不妊治療という山に挑んで遭難し、二人別々に下山してくる、というリスクを冒す必要はないのではないでしょうか。

ただ「子供はいなくても良いのでは」という考えも、あくまで現時点のものです。

私には、90歳になる母方のババア殿がいるのですが、最近ババア殿はデイサービスでトランプに興じることがあるらしく、正月に集まったときババア殿が「トランプがしたい」と言い出したため、ババア殿と、私の両親、兄、私、私の夫の「平均年齢58

いません
勝った！

歳」のメンツで、シュール極まりない、良く言えば微笑ましいババ抜きをしました。

そのとき私は「自分が90歳になったとき、私には一緒にババ抜きをやってくれる家族なんかおらず、右手と左手で対戦するしかないんだな」と思い、正月早々かなりひんやりしました。

今は良くても最後の最後に後悔するかもしれないのです。

しかし、ババ抜きしてくれる家族はいなくても、他に相手をしてくれる人がいるかもしれませんし、両足も使って「四人対戦」を実現しているかもしれません。

逆に家族を増やしても「誰一人ババ抜きに付き合ってくれない」という、もっと冷える晩年を送っているかもしれません。


全ては可能性であり、ステイサムな選択肢がないとしたら、やはり自分の意思で選ぶしかありません。

もし、周りの圧に負けて子供を作り不幸になったら、家族をはじめとした周りを恨むことになってしまいます。

不幸になり後悔し周りを恨む、というのはこれ以上なく不幸です。

どうせ不幸になるなら自分で選び、仮に良くない結果になったとしても、「敗因はこの私」と言い切れる田岡茂一(たおかもいち)状態になった方がまだ良いでしょう。

両方を選択することは出来ないのですから、選んだあとは「これで良かったのか」を考えるのではなく、「これで良いのだ」と思い込む「バカボン力」を高めていきましょう。

ついに実家を出る私に、結婚生活の極意を教えてください！

これまで30年、実家に住んでいて、一人暮らしをした経験は一度だけ、しかも実家から30分の距離の場所に一年間住んだくらいです。とても甘やかされて育ち、実家でも家事は全て親任せ、特に料理は何一つ出来ません。そんな私ですが、今年結婚する予定です。料理はなんとか適当にするとしても、実家を出て結婚生活に入る私に何か注意点やアドバイスがあればお聞かせください。

私も、一度たりとも実家を出たことがなく、身の周りの世話を、お母さんを越えてババアにやってもらっていたという生粋の「子供部屋おばさん」のまま結婚しましたが、何とかなりました。

そう言いたいところですが、夫婦生活ほど双方の意見が食い違っているものはなく、私が「何とかなっている」と錯覚できているのは、ただひたすら相手の努力と忍耐のおかげ、という可能性が高いです。

こういうタイプは定年後に離婚を切り出され「青天の霹靂！」みたいなアホ面を曝すことになるので、そのアホ面側の私に「夫婦円満のコツ」を聞くこと自体間違っています。

それでも、結婚生活は10年近く続いているので、とりあえず10年結婚生活を保たせるアドバイスは出来ます。

まず、相手が我慢強いタイプであることを神に祈りましょう。

そして次にすることは、あなたの家事能力を伸ばすことではなく、相手を男塾（おとこじゅく）名物油風呂につけて忍耐力を伸ばすことです。

ただそれ以前に、今あなたは誰に言われたわけでもなく「家事は全部自分でしなければいけない」と思っていないでしょうか。

今「ジェンダーバイアス」という言葉が話題になっています。ジェンダーバイアスというのは「男女の役割について固定的な観念を持つこと」を言います。

例えば、桃太郎が桃に入って川を流れる時「俺のことは川に洗濯にきたババアが拾ってくれるに違いねえ」と思うのはジェンダーバイアスです。

ジジイが洗濯をしにきても別に良いですし、何だったら鬼だってババアが倒して良いのです。

ただ「洗濯は女がするもの」という固定観念があるため、桃を拾うのもババアと考えてしまうのです。

もちろんババアが洗濯しても良いのですが、「ババアが洗濯しない家なんて異常に決まっている」と桃太郎が川を逆流しだすのは偏見と言えましょう。

このジェンダーバイアスというのは無意識下で持っていることが多く、自分は性差別しないフラットな人間だと思っていても、「部屋にセーラー服姿の人間が入って来た」と言われたら瞬時に女子学生だと考えてしまいます。

元々セーラー服は船乗りの服なのでおっさんが着ていても不思議ではありませんし、船乗りじゃないおっさんが着ていても特に問題がないにもかかわらず、自然にそう思ってしまうのです。

そもそも私が、あなたを女性と思い込んで答えているのも「男が家事能力の有無で悩むわけがない。なぜなら男は家事が出来なくても恥ずかしくないから」という見事なジェンダーバイアスなのです。

途中まであなたが男性である可能性を一切考えなかったので、いかに無意識下で行われているかがわかります。

よってあなたが男性だったら申し訳ないのですが、とりあえず今回は女性と仮定してお答えいたします。

ジェンダーバイアスは他人にだけではなく、自分自身の役割にもかけてしまうことがあります。

今あなたは、「結婚したら女の私が家事をやるものだ」「女なのに家事が出来ないのは恥ずかしい」と気負っていないでしょうか。

あなたの婚約者（一応、男性と仮定します）は「結婚したら俺が家事を全部やらないと」と思って焦っているでしょうか。

もし全部あなたにやってもらえると思っていたら別の大問題なのですが、これから令和を生きようかという日本男児なら「家事は分担してやれば良い」と考えてくれているでしょうし、少なくとも「一人でやらなきゃ」などとは思ってないでしょう。

あなたもまずそう思うようにしましょう。

むしろあなたが「家事は二人でやるもの」と思わなければ「家事はあなただけの仕事」になってしまうのです。

何も出来ないところから、一人で全部やらなきゃと思ったら焦るのは当たり前ですから、まず「二人でやれば何とかなる」と思いましょう。

ただ、あなた達の結婚形態がわからないので、もしかしたら結婚後、あなたは専業主婦をされるのかもしれません。

そうなると、家事があなたの仕事になるので、話はまた違ってくるのですが、兼業にしろ専業にしろ、家事は相手に見栄を張らないことが大事だと思います。

現時点で、親に甘やかされたボンクラ子供部屋オバさんなのはもうしょうがないことなのです。

それを「素敵な奥様」に見せようと、家事本を読みこみ、相手のことまで全部やって部屋着にまでアイロンをかけていても長くは続きませんし、相手は「ここまでしてもらえるんだ」と思うだけです。

ノートの1ページ目だけキレイに書くと、普通に書いたページすら汚く見えるものです。最初に力を入れ過ぎると、それが標準になってしまい、少し気を抜いただけで「最近手抜きじゃね?」と言われて、10年どころか8か月ぐらいで結婚生活が破綻してしまう可能性があります。

自分なりにやって
「オレの家事が
気にいらないなら
『気がすむまで
お前がやれ』と」
いう姿勢が大事
くさっている

出来ないものは出来ないまま行きましょう。

そもそも「女は家事能力完璧で嫁いでくるに違いない」というのも巨大な偏見です。ただ出来ないにしても「ワイは浪速の子供部屋おばさんや、文句あっか」という態度ではなく、「未熟者ではありますが、これから精進してまいりますので、何卒ご協力ご鞭撻の程お願いいたします」という二世議員のような気持ちで行きましょう。

最初のページが汚い方が、のちのち上達したように見えて好都合なのです。

家事というのは実戦でヤッていくなかでデキるものなので、今デキないことを悩んでも無意味です。

今大事なのは「デキないけどデキるよう努力はする」という気持ちと「家事と子供はヤればデキるし、二人でヤるもの」ということを忘れず嫁ぐことです。

消化試合なこの先の人生をどうすれば楽しく生きられますか？

26歳女性です。まだ若いと言える年齢ですが、この先の人生が完全に「余生」だと悟ってしまいました。まず、この年代の女性に以後期待されること（恋愛、セックス、結婚、妊娠、出産、子育て、親の介護……ｅｔｃ）に魅力を感じません。働くことも苦痛ですし、唯一の光だったオタ活動や友人とのオタトークも最近は億劫で、刀剣は乱舞するのに私の心は動かざること山の如しです。良くも悪くも人生でやりたいことはやり切った感があり、逆にこの先待っているのは気乗りしないことだらけの消化試合で、もう生きていたくないな～とさえ思います。ただ、さすがにこの心持ちはまずい気もするので、どうにかこの先の人生も楽しく生きられるようカレー沢先生のお知恵を拝借したいです。ちなみに刀剣が乱舞するゲームの推しは長谷部（はせべ）と大典太（おおてんた）です。よろしくお願い申し上げます。

長谷部と大典太が好きな時点で何の心配もない気がしますが、私と趣味が全く同じ、

という点では何らか心配が必要な気もします。

まず、このような話をパイセン方にすると「26歳で余生とか片腹痛いわ」と、まるで20歳の女が「もうババアだわ〜」と言っているかのような余裕ぶっこきだと勘違いされがちです。

しかし、そういうマダムに「じゃあこれから先何があるんすか」と聞いたら、「アウターは全体的に太るが、毛根や歯茎などのインナーが痩せてくる」「両親との免許返納ぶっちぎりバトル」「夫と同じ墓に入らないための100の方法」など、ますます気乗りしなくなる話ばかり出てきます。

よって、あなたの予想通り、これから気乗りしないことが起こるのは「確」なので、まず20代でそこに気付けたことを誇りましょう。

それに、あなたのような悩みを持っている人はレアでもなんでもなく、☆の数で言えば2寄りの3程度です。

先日、女性誌から「人生に飽きている女」というテーマでコラムを書いてほしいという依頼がありました。

この「人生に飽きている女」というのは、まさにあなたのような、人生のおかずが早々になくなり、大量の白米だけが残ってしまった女のことです。

この先、結婚や出産というような食いでのあるおかずが来る当てもなく、だからといって趣味などの「ごはんですよ」さえも見つからない、ただ白米だけを毎日食い、正直飽きたし、顎も疲れているという状態です。

そして最終的に、親の介護や自分の老後問題など、冷やごはんしか出て来なくなるかと思ったら「まだご飯が温かいうちに終わらせたい」と思ってしまうものなのです。

この「人生への飽き」は、寿命が延び、結婚や出産などの大きなイベントがマストではなくなった現代だからこそ生まれた、新しいメジャーな悩みの一つなのです。

件のコラムでは「趣味、というか推しを持て」「推しがいると、むしろ寿命の方が足りなくなる」という結論で締めたのですが、今回は相談の段階から「推し」を封じられているので最悪としか言いようがありません。回答者殺しも良い所です。

では、「楽しみ」ではなく「気乗りしないこと」の方に先に目を向けるのはどうでしょうか。

あなたは今、これから先楽しいことはなく、気乗りしないことばかり起こりそう、という「将来に対するぼんやりした不安」から「だったらここで終わってもよくね」と思っているのだと思います。

しかし、それはあくまで「誰か終わらせてくんないかな〜」という「だるいから誰か電気切ってくれないかな」程度の気持ちであり、明治の文豪のようにマジで終わらせるガッツはないと思います。

つまり、どれだけ消化試合が嫌と言っても、自分でゲームセットする根性がない限りは、93回の裏になろうが、寿命まで試合を続けるしかないのです。

この消化試合をいきなり、ツーアウト満塁バッタークロマティ、みたいな激アツな試合にしようとするのではなく、少しでもマシな試合に出来るように、まず今あなたが感じている「ぼんやりとした不安」を箇条書きにでもして「クリアな不安」にするのです。

例えば「親の介護」の場合、親が倒れた時、認知症になった時、具体的にどうすれば良いのか、ネットでもいいので少しでも調べてみましょう。

正直、問題というのは、その問題から目を逸らしている時が一番怖いのです。

問題の実体がわからないと、幽霊のような、得体の知れない、どうしようもないものを相手にしているような気分になります。

よって、思い切って正体を突き止めてみた方が、「なんだ、ただのジェイソンか」と気が楽になったりするのです。

どっちにしても怖いし、死ぬわ、と思うかもしれませんが、相手がジェイソンとわかれば、実行可能かはおいておいて「ジェイソンの母のセーターを着たのち、ジェイソンの仮面を破壊し、ある程度ダメージを与え、膝をついたところで、トミーがとどめを刺す」という具体的解決策を考えることが出来ます。

問題が実態不明のままでは、それすら出来ず、怯えることしか出来ません。

ぼんやりとした不安をクリアな不安にし、それに対して知識を得て準備をしておくことは「心の余裕」につながります。

そうすれば少なくとも、今の「よくわかんないけど、楽しくないし、何かが怖いので、死にたい」という情緒不安定な人のＳＮＳみたいな状態よりは、前向きな気持ちになれるのではないでしょうか。

気持ちが明るくなればまた、新しい楽しいことを見つけようという気にもなってくるでしょう。

それに、趣味に飽きているのなら、無理して趣味を作ったり、新しいことをはじめたりせず、むしろ今がチャンスと思って素直に貯金しても良いのではないでしょうか。

正直、将来に対する不安を鎮静させ、心を落ち着かせる一番のハーブは「銀行口座の数字」です。

逆に、趣味や熱中するものがある人は、あなたの「ぼんやりした不安」とは違って、「金がない」という「具体的すぎる不安」を抱えていたりするものなのです。


結局、自分でゲームセットするガッツがなければ、種類は違えど、人間死ぬまで何らかの不安を抱えて生きていくしかなく、それを和らげるため、知識、準備、貯金、覚悟、などの「麻酔」が存在するのです。

実は趣味もその一つであり、効果が強く、ハイになるため、「シャブ」の方に分類されているだけです。

とりあえず「麻酔」の方を打って、不安を和らげ、余裕が出て来たら「シャブ」の方も探してみましょう。

オランダでは
人生に疲れた人の安楽死が
合法になったそう
一応覚えて
おこう

四十代からの終活について教えてください。

私は四十代の独身女です。つい最近、母の友人が亡くなり、そのことに両親がとてもショックを受けています。友人の死によって自分たちの年齢に改めて気付いたようなのです。私自身も両親の年齢のことを思うと、他人事とは思えず、自分自身のことを改めて考えると、突発的に亡くなった場合、例えばお金のこと、趣味のあれこれの処分についてなどが不安で死ぬに死ねないのですが、とはいえ何から手をつければこの不安が解消されるのかわかりません。四十代からの終活についてアドバイスをください。よろしくお願いいたします。

全くの他社仕事なのですが、現在私はズバリアラフォーからはじめる「終活」をテーマにした漫画を連載しています。

よって、現在私の部屋には資料として夥(おびただ)しい数の終活本が積まれており、死ぬ気満々すぎる様相を呈しています。

このように今は終活情報誌で逆に圧死できてしまうほど情報には事欠きません。もちろん高齢者向けが多いのですが、最近は40代からはじめる終活にも注目が集まっているそうです。

よって、今後アラフォー向け終活本もどんどん出て来ると思いますが、まずは手始めに私の描いている終活漫画を10冊ほど買いましょう。

知識というのは武装なので、全裸に「東洋経済」とか「婦人公論」の終活特集号を貼りつけるだけでも大分不安から身を守れます。

ただ間違えて「MEN'S KNUCKLE（メンズナックル）」とかを貼りつけないように気をつけましょう。場合によっては逆に防御力が下がります。

ただ相談にもある通り、情報が多すぎて何から手をつけて良いかわからず余計不安になるということもあります。

よって、まずは落ち着きましょう。老後2000万円という言葉に取り乱して適当に株を買い、さらに資産を減らした私が言うのだから間違いはありません。

確かに突発的に死ぬということもありますが、意外と死なないものです。

7年前東京オリンピックが決まった時も、多くの人間が「7年後なんて生きてるかわからないし」などと言っていましたが、ほぼ全員のうのうと生きてますし、逆に2020年東京オリンピックの方が死んでしまった（延期）ぐらいです。

死が明日来る可能性はゼロではありませんが、あなたが自分を40代と思い込んでいる70代でなければ、「老後」が明日来るということは絶対ありません。

つまり、まだ焦るような時間ではないということです。

まず鏡を見て自分が70代でないことを確認して落ち着きましょう。

70代だったなら、すみませんが、相談先を専門機関に変えてください。

そしてまず「何をすべきか」を考えるより、現状を把握しましょう。現在位置がわからないまま動いたって道に迷うだけです。

老後にはお金が必要、お金を貯めるには節約しなければいけないと言っても、現在何にいくら使っているのかわかっていなければ削りようがありません。

明日から弁当と水筒を持って行こう、などという長続きしそうにない節約をはじめる前に、まず現在の支出を把握しましょう。

そうすれば、「ろくに利用していないサブスク5個に毎月会費を寄付していた」など、苦もなく削れる出費が意外と見つかるものです。

また自分が「いくらあれば生きられる人間なのか」ということが把握できれば、老後いくら必要かも具体的に見えてきます。

それがわからなければ「老後資金２０００万円」という漠然と大きな数字に怯えることしか出来ません。

具体的に計算してみたら「そんなにいらなかった」ということがわかったりするものです。

もちろん「２０００万円より多く必要だった」という絶望的な結果になるかもしれませんが、それは今から生活を変えることでいくらでも減らすことは出来ます。

つまり自分で家計や人生をコントロールできるようにするためにはまず現状を把握する必要があるのです。

また数字的なことだけではなく、己の「価値観」も改めて把握しておきましょう。

「出来るだけ持ち物を減らす」というのは終活の重要事項ですが、「自分にとっての生活必需品は何か」「必需でなくても心の豊かさのために何が必要か」を把握せずにただひたすら断捨離をしてしまったら、人生が空虚になってしまい、むしろ生きる意欲がなくなります。

生きる意欲がなければ「きちんと死のう」などとも思わないので、老後も悲惨なことになりがちです。

このように、自身の終活はある程度自分の意志で進めることが出来ますが、親の終活は簡単にはいきません。

しかし、親の老後でつまずいて、自分の老後が狂ったという人も多いので、親に終活させるのも己の終活の一環と言っても過言ではありません。

ただし、友人の死で不安になっているご両親にいきなり終活の話をしたら、余計凹んでしまうと思います。

年を取ると、若いころのように18時間ふて寝して嫌なことを忘れるということが出来なくなります。下手をすると、そのまま寝たきりになり、永眠の恐れが出てくるからです。

つまり、心の凹みが体や頭の不調に直結してしまうため、まずは元気づけることからはじめましょう。

とりあえず
年齢確認から…

元気づけると言ってもタンバリンなどを叩く必要はなく、ただ会話を増やすだけで良く、会話の内容も他愛のない話でOKです。

親との会話が増えれば増えるほど、「親の情報」が増えます。

意外と、親の死後「そういや親のこと全然知らねえ～！」ということが判明して困ることが多いようなので、仲の良い友達など交友関係がわかるだけでも大分違うようです。

また会話が増えれば増えるほど「そういえばこの前テレビで氷川（ひかわ）きよしが遺書書いたって言ってた」など、世間話から終活へ自然に話を持っていきやすくなります。ろくにコミュニケーションもとっていない娘にいきなり銀行の暗証番号を聞かれたり遺書を書けと言われたりしたら、親も頑なになるし何より落ち込んでしまいます。

つまり、自分の終活も親の終活も急には出来ないことばかりなのです。まだ間に合うと思いますので、少しずつ進めていきましょう。

とりあえず、いきなり株を買ってはいけません。これだけは断言できます。

「公式と解釈違い」のモヤモヤをどう解消すればいいでしょうか？

推しの「死に直し」にモヤモヤしております。「死に直し」というか、人生初の推しが作中で二度死にました。すごく美しくて切ない死に方ゆえに推すようになりました。もちろん幸せになってほしかった気持ちもあるのですが、悪役を全うし悪として死んでくれたそんな推しが魂を呼び戻されて自身の苦しみに答えを見出して円満に成仏したことにスッキリできないでいます。もちろん再登場は嬉しかったですし、その二度目の死もそれはそれで美しくて切なくて、何より本人も苦しみから解放されたであろうはずなのに、複雑な気持ちを捨てることが出来ず、もう10年経ち、原作もとっくに完結しました。ぜひ先生にこのモヤモヤを消化する方法を教えていただきたいと思っております。

「オタクにしか出来ない悩み」としか言いようがなく感動すら覚えました。「美しくて切ない」という言葉が文中に2回も出てくるのも高ポイントです。

もう、この悩みを読んだ多くのオタクが「一体誰のことだ」「きっとあのキャラのことだ」と、ザワザワしだしていると思います。

私も、人様の人生にこんなクソでか枷をはめるなんて、どんなキャラだよ、ということが気になり過ぎて、悩みに答えるどころではありません。

この時点で、あなたには優れた「プレゼン力」があることがわかります。キャラ名や作品名さえ出さずにここまで興味を引けるというのはなかなか出来ることではありません。

ジャンルの繁栄のために仲間を増やしたいオタクにとって「プレゼン力」は、陸上選手にとっての「足が速い」くらい重要な能力ですので、今後のオタク人生に活かしていただければ、と思います。

オタクの世界には「公式と解釈違い」という強い言葉があります。

例えばドラゴンボールで、悟空が「ひゃあ〜おめえ強えな〜！　オラ関わりたくねえから後は警察に任せっぞ！」と言い出したら、多くの悟空ファンが「悟空はそんなこと言わない！」と激高するでしょう。

しかし、鳥山明（とりやまあきら）が悟空にそう言わせたなら、それが「公式」であり、それに「違う！」と言うのは「自分の妄想を正しいと思っている厄介なオタク」ということになってしまいがちです。

しかし、現実世界でも、我々は他人に対し様々な印象を抱きます。優しくされれば「優しい人だな」と思いますし、持っているカゴににんじん、玉ねぎ、じゃがいも、牛肉が入っている人を見かけたなら「今日カレーを作る人だな」と思うものです。

たとえそれが間違っていたとしても「他人に優しいと思わせる一面がある」「カレーを作りそうなオーラが出ていた」ということだけは事実なのです。

つまり、オタクが持っているキャラ像も、勝手な妄想というわけではなく、むしろそのキャラの一挙一動をつぶさに観察した上の「印象」なので、原作者の意図通りであろうがなかろうが、そのキャラにそういう印象を持たせる何かがあったのは確かなのです。

それが現実世界でも、例えば、真面目なマイホームパパという印象だった人が、盗んだ下着を上下揃えて自ら着用するという女子力の高い状態で逮捕された、と聞けば誰だって驚くでしょう。

そこまで極端でなくても、他人に自分の印象と違う行動を取られてショックを受けたり、逆に見直したりする、というのは非常によくあることです。

それと同じです。オタクが公式での推しの言動に違和感を覚える、というのは、何ら不思議なことではありません。

もちろん「私の推しはそんなこと言わない」とデカい声で公式を否定して自分の正しさを主張すると戦のもとですが、「公式の描き方に違和感を覚える」こと自体は全くおかしいことではないのです。


しかし、オタクの中には愛ゆえに「作者がそう描いてるんだから」「推しのすることだから」と出されるものを全て受け入れようとしてしまう人がいます。

日本人は割とこのような「推しに甘い傾向」があり、推しが気に入らない曲を出しても「いつもと違うテイストで良い」と言ったり、クソ実写映画に出演しても「推しはやれるだけのことはやっていた」と「頑張り」を褒めはじめたりします。

そのぐらいなら良いのですが、果ては淫行で捕まっても「相手の女にハメたつもりがハメられたに違いない」と被害者を責めてまで擁護に回る者さえいます。

「ちょっとこれは違うな」と思っていても、そう思うこと自体、推しに対する「背信行為」な気がして、その違和感を封じ込めてしまうのです。

あなたが、推しに対して10年以上もモヤモヤしているのは、推しに対して「違う」と思う気持ちを封じ込めたままにしているからではありませんか。

本当は、推しは一回目の死で全て終わるのが最良で、「二回目はいらない」と思っているのではないでしょうか。


しかし、推しへの愛ゆえに復活や二度目の死を「蛇足」と言い切ることが出来ず、「再登場は嬉しい」「苦しみから解放されて良かった」「二度目の死も美しくて切なかった」、そして何より「それが作者の出した答えだし」と、考え得る限りの理由をつけて、己をムリヤリ納得させているのではないでしょうか。

もうここで思い切って「二回目いらんわ！」と言い切ってみてはいかがでしょうか。

世の中には、自分の意にそぐわない展開を「公式の妄想」と言い切る強いオタクもいるのです。あなたもあなたの中で「私の推しはあの時死んだ」と「二回目」をなかったことにしてもかまわないのです。

私も「ファイナルファンタジーX」への愛から「ファイナルファンタジーX-2」

を「なかったこと」にしていますが、「X-2にも良いところはある…」と無理やり納得させようとしていたときより格段に気持ちが楽になりました。

意にそぐわないものをムリヤリ受け入れるというのは推しへの愛ではなく、ただの「推しに気を使っている」だけです。

気遣いというのは疲れるものです。忖度はやめて、自分の思ったままに自由に推しを愛しましょう。

このマンガは
3巻までは好き
4巻
からは
「チガウ」
はっきり そう言う
ことも大切
クリムリン
クリムリン

性欲のトリセツはありますか？

今までずっと二次元のキャラクターたちに性欲をぶつけてきたのですが、遅ればせながら二十三歳になって初めて実在の人物に性欲を抱いてしまうようになりました。電車の中でちょっと可愛い女の子を見かけるたびに「ウワッかわいい！エロ！」とか考えてしまい、直後に死にたくなってすぐ目を逸らします。性欲の開眼とともに性的対象が同性であることも同時に発覚したので、なんかもう色々とどう受け止めていいのかわかりません。カレー沢先生、この煩悩とどのように折り合いをつければいいのでしょうか？

性の目覚めと罪悪感はワンセットと言います。

今よりもさらに性教育が薄らぼんやりしていた昔の男子の中には、はじめて股間から初弾が出た時「こ、こんなものが出るのはオラだけに違いねえ！」と恐れおののき、ひた隠しにしてしまう子もいたと言います。

しかし実際は「みんな出ている」のです。

つまりあなたが「ウワッかわいい！　エロ！」と思っている瞬間、誰かがあなたのケツに「ウホッ！」と思っているかもしれないのです。

でもあなたは「ウホッ！」を感じてないし、あなたが見た女の子もあなたの「エロ！」に気付いていないと思います。

つまり、見ず知らずの人を突然性的な目で見てしまうことは誰でもあるし、それが相手に気取られてないなら、その時点では「誰も傷ついていないし、誰も悪いことをしていない」のです。

よって、あなたも何も悪いことはしていないので、死にたくなる必要はありませんし、「お巡りさん私です」と出頭する必要もありません。

この時点で罪に問われる世界だったら今頃みんな死にたくなっていますし、前科9億ぐらいになっています。

ただ、「エロ！」の「ロ！」と同時に相手のケツを鷲掴みしたり、「ロ〜〜〜〜！」と15分ぐらいパイオツのみを凝視したりするようになったら問題です。

そもそも二次元好きも三次元好きも、次元という大きなものを隔てているように見えますが、「性癖」という同じ箱に収納されるものです。

我々、二次元の民にとっては驚愕の事実なのですが、実はどちらかというと「二次元のみに性欲を感じる」方がマイノリティなのです。

しかし大体の人は、次元という絶望的壁に自暴自棄になり、人質を取って立てこもり「今すぐ、推しを画面の中から解放しろ」などという犯罪行為は犯さないのです。

そういう迷惑行為を行わないのは、欲求を抑え込んでいるからではなく、推しのDB（ドスケベブック）を描いたり、または他人が描いた推しのDBを読んだりして、抑圧ではなく上手く「昇華」しているからです。

よって、あなたも今まで二次元でしてきたように、新たに目覚めた三次元への性欲も、抑え込むのではなく、むしろ本当の罪を犯さぬよう、上手く昇華していくことを考えた方が良いのではないでしょうか。

幸い現代では、ネットやお店など、法に触れない昇華方法はいろいろありますし、あなたも元々二次元の民なら「脳内」の扱いは心得ていらっしゃると思います。

脳内という唯一「罪」という概念がない場所でまで「罪悪感」を覚えていたら、自由はどこにもありません。

たとえ相手が三次元であろうとも、脳内という名の治外法権は有効に使っていきましょう。

それに、二次元で昇華活動をしていた時、あなたが感じていたものは、苦痛でなく楽しさだったと思います。

よって、今回目覚めた性も「ピクシブで検索するタグが1個増えた」ぐらいの気持ちで、人に迷惑をかけずに「楽しむ」方法を模索してみてはどうでしょうか。

確かに性というのは悩みの種ですし、場合によっては他人を傷つけかねないリスキーなものでもありますが、それと同時に上手く付き合えば楽しいことでもあるはずなのです。

世の中には己の性癖に気付かないままの人もいます。気付かなかった方が幸せだったということもありますが、私などは「二次元の男が好きすぎる」という癖に気付かなかったら完全に人生が「虚無」です。

気付いたことで苦しいこともあるかもしれませんが、今後、気付かなければ逃していたであろう幸せに出会う可能性も大いにあるでしょう。

ただ、あなたが性癖を受け入れることが出来ず、押し殺して生きていきたいし、向き合いたくもないと思うなら、それも選択の一つです。

私も無限にシコれるのはわかっているけど「それに興奮する自分が嫌」なので、あえて遠ざけているジャンルというものはあります。

多様化社会というのは、「どんなものでも恥ずかしがらずにオープンにしよう。そして周りは受け入れよう」というものではなく、「それでも俺は死ぬまで隠す」という本人の意思が尊重されることだと思います。

この世に罪がある性癖などなく、性欲を抑えられずに罪を犯す人がいるだけです。よってまずは、自分は悪いことをしているのでは、異常なのではと思うことをやめましょう。

その後に、ピクシブで新しいタグ検索しまくるか、逆にＮＧ設定するか、己の性癖の取り扱い方法を考えていきましょう。

「頭を使え」とは
ヒャッハー
「妄想で何とかしろ」という意味

アンチあんこがあんこ大戦に巻き込まれたときの処世術を教えてください。

私はあんこが食べられません。食べられなくても困ることはないので、克服したいという気持ちも全くないのです。ところが、こしあんVSつぶあん戦争に巻き込まれると、いがみ合っていたはずの両者が結託して、食べられない私を責めてきたり、可哀想な目で見てきたりします。納得できません。もしまた巻き込まれたら、どうにか一泡吹かせたいのです。良い策を御教示ください。


このお悩み相談もこれが最後です。

最後に随分スケールの小さい話を持って来たなと思われたかもしれませんが、私に言わせれば「ついにラスボスが来やがった」という感じです。

この相談は「世界平和」にすら通ずるワールドワイドな問題と言えます。

この世にはさまざまな「意見の違い」があります。

意見が違えば、それは話し合い、そして言い争いに発展し、どれだけ言論を戦わせても両者が譲らなければ「武力行使」となります。

そうやって起こるのが「戦争」です。

意見の中でも「好み」というのは特に変え難いものなので、話し合いでどうにかなることは稀です。

よって「こしあんVSつぶあん」や「きのこVSたけのこ」などは、戦争になるべくしてなっていると言えます。


話は変わりますが、映画に「エイリアンVSアバター」というのがあります。

おそらく「エイリアンVSプレデター」と「アバター」の良いところを殺し合ったB級映画なのでしょう。

ですが、唯一キャッチコピーだけは「勝手に戦え！」という非常に秀逸なものがつけられています。

あんこが嫌いなあなたにしてみれば「こしあんVSつぶあん」も「勝手に戦え！」としか言いようがないのに、なぜかエイリアンとアバターが手を組んで自分を襲い出すという展開に、理不尽さを感じるのは当然ですし、両方駆逐してやりたいと思うのも仕方ありません。

しかし、相手に自分があんこが嫌いな理由を理解させようとしたら、「あんこはウンコと一字違い、つまり実質ウンコ」というような、相手の好きなものを否定することになってしまうでしょう。

これでは、エイリアンとアバターが「あんこが食べられない」というあなたの好みを否定し攻撃してきたのと同じであり、エイリアンVSアバターVSシャークネードになるだけです。

つまり、攻撃に対し「一泡吹かせたい」と応戦姿勢を取れば、戦争の規模が広がるだけで世界平和が遠のきます。

あなたが戦争反対派で世界平和を望むなら、クソあん野郎たちをぎゃふんと言わせたいという考えは捨てましょう。

他人の嗜好を否定する連中の同類にならないためには、どれだけ挑発されても「勝手に戦え！」という名コピーを忘れないことが大切なのです。

よって、戦うのではなく、まず巻き込まれないことを考えましょう。

おそらく、あんこ好きな人間の前であんこが嫌い、食べられない、と言ったらほぼ100%責める感じで「なんで!?」と言われると思います。

私だって目の前で「猫をカワイイと思えない」と言われたら「世の中には色んな考えの人がいる」などとは思えず、脊髄反射で「なんで?」「大丈夫?」「……(無言で刺す)」などやってしまうと思います。

このように、人は自分の好きなものを否定されるとつい冷静さを欠いてしまい、条件反射のように攻撃的になってしまうのです。

つまり、巻き込まれないためには「身分を明かさない」ことが大事です。

好きなものに関しては「拙者、アニメの男子小学生キャラ大好き侍と申す」といくらでも名乗りをあげても良いのですが、嫌いなものに関しては「それがし名乗るほどの者ではござらぬ」という姿勢を貫いた方が良いのです。

よって、あんこの話題になったら、下手に「嫌い」とか「食べられない」とか己の立場を表明せず、「黙る」もしくは「濁す」ようにしましょう。

嫌いとか不味(まず)いとか、ネガティブなことを言うからスマブラみたいに「参戦!」と思われてしまうのです。

このように嫌いなものに対して「黙る」というのは、非常に大事なことです。嫌いなものをイチイチ嫌いと言わないと気が済まない人間がいるから、好きな人間に攻撃をしかけられたり、逆にそれを好きな人を傷つけてしまったりするのです。「つぶあん派か？　こしあん派か？」と「薩摩か？　長州か？」みたいな詰問をされても「どっちかというとウンコ派ですね」と、あくまで「自分は無関係の者です」という態度を取るようにしましょう。

例えば国同士の諍いでも、一番平和的なのは、お互いの意見を汲んだ折衷案がなされることです。

よって、あなたの前であんこの話が始まったら「それより麩の話でもしないか」と、瞬時に三者とも特に興味がない話に転換させるようにしましょう。

同じキャラが好きなオタク同士でも、一方は生粋の夢女子、一方は強火の固定カプ腐女子とわかっているなら、あえてそのキャラの話はしません。

そういう話は同好の者と話すべきだからです。

それと同じように、食べ物の好みだって、戦わせるものではなく、好物が一致する

勝手に戦え
つぶあんVS こしあん

同志が集まって語り合うべきであり、意見が違う時は「別の話をする」のが一番なのです。

全く意図しない戦に巻き込まれて憤る気持ちはわかりますが、殴り返したら「あんこ食えない派」として参戦したことになってしまいます。

平和主義国家の一員として、戦に対してはあくまで無関係を貫き、出来ればはじまるのを防ぎ、はじまったら早めに終わらせるように努めましょう。

そういう姿勢の人間が一人でも増えることが、世界平和につながるのです。

おわりに

みんないろんなことに悩んでいる。

中には「これオタク以外に解読できるのか？」というような悩みも混ざっているが、私もオタクなのでそれが一大事であることはよくわかる。

実は取り上げることが出来なかったお悩みも結構あった。

「ショタコンです、どうしましょう」のような、どう答えても誰かに怒られるという理由でスルーしたものもあるが、深刻過ぎて「これは俺のポケットにはデカすぎらあ…」という理由で掲載を見送らせてもらったものも多い。

辛い状況にある読者に救いの手を差し伸べることが出来ず心苦しかったが、陰ながら応援しているのでまずは「相談相手を選ぶ」ということからはじめてほしい。

「低い人間が低い視点からアドバイスする」などと言っているが、読み返してみるとあたかも真人間のようなことを言っているし、自分で自分の言ったアドバイスを実践できるかというと「厳しい」と言わざるを得ない。

当事者じゃないから言える、つまり他人事だからもっともらしいアドバイスが出来るのだ。

だが、これは私だけではない。世のお悩み相談というのは総じてそういうものだと思っている。

たとえ寂聴でも「ジャンルの神になるために神二次創作を描きましょう」が実践できるかどうかは怪しいところである。

だが他人事だからこそ、客観的で冷静な意見が言えるのだ。

そもそも冷静さを欠いている当事者の目から見えないものを教えてもらうために「悩み相談」というのは存在するのだ。

もし答える側が相談者全員の悩みに１００％共感していたら、急速に病んでしまい、どんなお悩み相談室も３回ぐらいで終わってしまう。

だが、他人事として一線引いているのは確かだが、決して適当に答えているわけではない。少なくとも私は、全ての悩みに対して真面目に考えて答えた。

なぜなら、金をもらっているからである。

私だけではない。メディアに載っているお悩み相談の回答者はほぼ必ず金をもらっている。

真面目に最後まで責任感を持って働いてほしいなら、ボランティアではダメだ。少額でも必ず金を払え、と何かの漫画で読んだことがあるが、真理である。

北方謙三(きたかたけんぞう)レベルの大物になると企画型お悩み相談でも「ソープに行け」と言ったりするが、私のような小物は小銭を握らされるとビビッて真面目にやるのである。

片や友人に相談する時に金など払わないだろう。

相手は本来なら料金が発生してもおかしくないようなことを、「友達」というだけで長時間拘束の上にタダでやらされ、ドリンクバー代すら割り勘という目にあっているのだ。

最悪親身になろうとしても、相談者はこちらが何を言ってもメロンソーダとコーラを混ぜたものをストローでぶくぶくしながら「でも」と「だって」しか言わなかったりするのである。

そうなったらもう「それでいいんじゃない?ｂｏｔ」と化すか、逆に「とりあえず全財産でポンドを買え」とか「それは不倫相手の嫁と直接対決しかない」など、友達には絶対しないアドバイスを言うようになってしまう。

つまり、友達に相談をすると、ファミレスを出るころには友達じゃなくなっているというリスクもあるのだ。

その点、こういったメディアのお悩み相談の回答者は金をもらっている以上、どんな相談でも比較的最後まで真面目に答えようとするし、途中で「そろそろ保育園の迎えの時間だわ」と言って席を立ったりはしない。

会ったこともない、自分のことをよく知りもしない人間に相談して何になると思う方もいるかもしれないが、逆に友達なんかに相談するより真面目に考えてもらえる場合も多いし、何より別に友達でも何でもないから呆れられても大丈夫というメリットがある。

もし友達に相談するのであれば、相談というのは本来料金を払うものという自覚を持ち、心の内では「そんなの無理」と思っていても顔には出さず、相手のアドバイスに、さも感銘を受けたかのような顔で頷き、ドリンクバー代ぐらいは払うか、払うそぶりぐらいは見せよう。

そんな気を使いたくないなら、最初からホストクラブやキャバクラなど人の話を聞くのが仕事の人に話した方が良い。


それに、悩み相談というのは、悩みを聞いてもらった時点で9割終わっていると言っても過言ではない。

「最近ケツの皮が超剥ける」程度の悩みならツイッターで全世界に発信することも出来るが、深刻な悩みであればあるほど他人には話せなくなるものだ。

もっと言えば、人に話さないことで悩みが必要以上に深刻になっているという場合もある。人に言ってみることで「そこまで深刻なことではないかもしれない」と気付けることもある。

さらに、人に悩みを相談するときは、他人に自分の悩みをわかるように「説明」しなければならない。

雄叫びを上げながら床を転げまわっても、悩んでいるのはわかるが何に悩んでいるかさっぱりわからない。

つまり、相手にわかるように説明することで、自分が何に悩んでいるのか改めて整理することが出来て、その時点で大分冷静になれることもある。

よって、相談者が悩みを吐露できれば、私の回答など特にいらない。相談者が悩みを聞いてさえもらえれば答えなんてどうでも良いように、私も本さえ買ってもらえれば特に読んでもらえなくても良いのである。


だが、現在まだコロナ禍で未来の見えない世の中である。ここに書いてあることが何か役に立てば良いし、世の中には悩んでいる人間がこれだけいるのだから、悩んでいるのは自分だけではないという慰めになれば幸いだ。

赤信号みんなで渡れば怖くない、コロナもみんなでかかれば大丈夫…というわけでもないので、まず信号はよく見て、手はよく洗おう。

もしかしたら本書でこれが一番有益なアドバイスかもしれない。

＊本書は、WEBマガジン「キノノキ」にて2018年2月から2019年9月まで連載したコラム「カレー沢薫のワクワクお悩み相談室」を加筆・修正したものです。

カレー沢薫（かれーざわ・かおる）

1982年生まれ。漫画家、コラムニスト。2009年に『クレムリン』（講談社）でデビュー。自身2作目となる『アンモラル・カスタマイズZ』は第17回文化庁メディア芸術祭審査委員会推薦作品になぜか選出され、担当編集ならびに読者が騒然となった。主な漫画作品に『猫工船』（小学館）、『ひとりでしにたい 1』（講談社）、『きみにかわれるまえに』（日本文芸社）、エッセイ作品に『ブスの本懐』『ブスのたしなみ』（ともに小社）、『負ける技術』『もっと負ける技術』『非リア王』（ともに講談社文庫）、『クズより怖いものはない』（大和書房）、『ひきこもりグルメ紀行』（ちくま文庫）などがある。

カレー沢薫の
ワクワク人生相談

二〇二一年一月二日 第一刷発行

著者 カレー沢薫
発行人 岡聡
発行所 株式会社太田出版
〒一六〇-八五七一
東京都新宿区愛住町二二 第三山田ビル四F
電話 〇三-三三五九-六二六二
ファックス 〇三-三三五九-〇〇四〇
振替 〇〇一二〇-六-一六二一六六
ホームページ http://www.ohtabooks.com/

印刷・製本 株式会社シナノ

ISBN978-4-7783-1734-8 C0095

[制作]
編集 寺谷栄人
林 和弘(太田出版)
装丁 岩元 萌(オクターヴ)